BERLINER SCHELLING STUDIEN 11
VORTRÄGE DER SCHELLING FORSCHUNGSSTELLE BERLIN

BERLINER SCHELLING STUDIEN 11

VORTRÄGE DER SCHELLING FORSCHUNGSSTELLE BERLIN

IM AUFTRAG DER
SCHELLING-FORSCHUNGSSTELLE BERLIN
HRSG. VON ELKE HAHN

HEIDEGGER UND DIE EUROPÄISCHE WELT

SINN UND SEIN

TOTAL VERLAG

REDAKTION: Monika Lehmann
              Wieland Lehmann
              Mike Kirschner

CIP-Einheitsaufnahme:
Berliner Schelling Studien. Heidegger und die europäische Welt: Sinn und Sein. Heft 11. / Im Auftrag der Schelling-Forschungsstelle Berlin / hrsg. von Elke Hahn. – Berlin : Total Verlag, 2013 – 142 S. – [Berliner Schelling Studien : Heidegger und die europäische Welt ; 11]
© TOTAL VERLAG
ISBN 978-3-00-037961-1

INHALTSVERZEICHNIS

Elke Hahn: Einleitung   7
Sinn und Sein: der Mensch in Schellings positiver
Philosophie und bei Heidegger

Harald Seubert (Bamberg, Basel)   33
Logik als Frage nach der Wahrheit in Heideggers
Marburger Zeit

Yohichi Kubo (Tokyo)   69
Der Einfluss Heideggers auf die neueren japanischen
Philosophen

Günther Seubold (Bonn)   93
„Als der West war durchgekostet, hat er nun
den Ost …". Martin Heideggers Begegnung mit der
ostasiatischen Kunst

Tetsuya Sakakibara (Tokyo)   119
Ich und Du bei Nishida und Heidegger

Einleitung

Sinn und Sein: Der Mensch in Schellings positiver Philosophie und bei Heidegger

Die Berliner Schelling Studien greifen mit der Philosophie Heideggers in diesem Band eine Problematik auf, die uns in die Rezeptionsgeschichte der europäischen Philosophie führt, indem sie der Frage nach dem Zusammenhang von „Sinn und Sein" nachspürt. Wir gelangen so neben der rein philosophischen Bedeutung nach dem Erkennen der Wahrheit im Wissen tiefer in die Sinnhaftigkeit des konkreten Geschehens im Sein. Mit der Analyse des Geschehens im Sein eröffnet sich philosophisch ergänzend zur Logik des Begriffs der Bereich der Erfahrung des Menschen im Dasein. Und so gewinnen wir eine Dialektik des *Seins zum Seienden,* die eine zentrale Bedeutung in der Philosophie Schellings hat, die sich bei ihm z.B. in seiner späteren Philosophie wiederspiegelt.[1] Schellings Philosophie zeichnet sich durch diese Doppelung des Weges des Erkennens im Bewusstsein aus. Wir finden diese Verdoppelung des Denkweges methodisch bereits früh im idealistischen Begriff der intellektualen Anschauung.[2] Sie zeigt

---

[1] W. Hogrebe hat in seinem Buch „Prädikation und Genesis" (1989) nachgewiesen, wie sich in Schellings positiver Philosophie die Sinngebung aus dem Transzendieren logischer Prämissen für das Denken ergibt. Dadurch wird seine Prädikationstheorie genetisch und zeigt die Möglichkeit eines neuen Interpretationsansatzes für Schellings positive Philosophie.

[2] „Eine solche Anschauung ist das *Ich,* weil *durch das Wissen des Ichs von sich selbst* (das Objekt) erst entsteht. Denn da das Ich (als Objekt) nichts anderes ist als eben das *Wissen von sich selbst,* so entsteht das Ich eben nur dadurch, *daß* es von sich weiß; das *Ich selbst* also ist ein Wissen, das zugleich sich selbst (als Objekt) producirt." SW I, 3,369 D.h., in dieser *Anschauung* ist unser Wissen ist nicht nur reflexiv ans Selbstbewusstsein gebunden, sondern ist darin zugleich synthetisch. In dieser besonderen Anschauung gründet sein früher Begriff der Philosophie. [Das Kürzel SW, Abt., Band, Seite, bezieht sich auf die Sämmtlichen Werke, hrsg. von K.F.A. Schelling. - Stuttgart, 1856 - 1861; CD-ROM in elektronischer Vollversion hrsg. v. E. Hahn. - Berlin, 1998]

sich aber auch in der späteren Zweiteilung der Philosophie in die negative und positive Philosophie, die aber jetzt nicht mehr als eine einfache Verdoppelung des Wissens interpretiert werden kann. Schelling hat den Erkenntnisrahmen des idealistischen Denkens transzendiert, ohne sich dabei vom Denken zu verabschieden. Denn die *positive* Philosophie gibt uns einen Wirklichkeits- und Weltbezug im Gegensatz zur *negativen* Philosophie, worin sich die Rationalität des Denkens in der absoluten Idee zu einem Sein hypostasiert, das doch als Logik immer nur ideell bleiben kann. Negative Philosophie als Wissenschaft ist die apriorische Theorie des Erkennens einer Wirklichkeit, die notwendig als Wirklichkeit dem Erkennen gleich sein muss, um sich im System des Wissens zu vollenden. Positive Philosophie ist auch eine Wissenschaft, aber ihre Theorie basiert nicht allein auf ein rationales Wissen, sondern auf der potentiellen Repräsentation eines ursprünglichen Grundes im Denken, dessen Möglichkeit sich erst durch die konkrete Realisierung als eine Wirklichkeit aktualisiert. Die Logik kann aus diesem Grunde von Schelling nur als eine Verkürzung des philosophischen Anspruchs einer positiven Theorie verstanden werden, weil sie die Potentialität des Seins ausschließt. Man kann auch sagen, sie schließt den Zustand des Nicht-Rationalen aus. Negative Philosophie bezieht sich nur auf den allgemeinen Inhalt des Denkens, wohingegen die positive Philosophie aus der Potentialität des Seins eine konkrete Wirklichkeit ableitet, die vom Individuum in der Gegenwart alltäglich erfahren und gestaltet wird und deshalb für uns „menschlich" ist.[3]

---

[3] Zu den Kategorien der *Positivität* und *Potentialität* siehe insgesamt unseren Tagungsband: Berliner Schelling Studien. Negativität und Positivität als System. Internationale Tagung 2006. Heft 9 / Im Auftrag der Schelling-Forschungsstelle Berlin hrsg. von Elke Hahn. – Berlin: Total Verlag, 2009. [Berliner Schelling Studien ; 9]

Schelling wird später diesen Sachverhalt so formulieren: „Ich habe schon gesagt, die negative werde vorzugsweise die Philosophie für die *Schule* bleiben, die positive die Philosophie für das *Leben*."[4] Der positiv erkennende Mensch steht der Welt nicht gegenüber, um eine rationale Idee von ihr im Denken zu entwickeln, sondern er lebt *in* dieser Welt und erst im Umgang mit dieser (seiner) Welt ist er wissend und erfahrend, künstlerisch gestaltend oder gesetzgebend tätig. Und hierin finden wir im „Positiven" bei Schelling zugleich den Anknüpfungspunkt für die Philosophie Heideggers, der mit der Destruktion des idealistischen Subjektbegriffs den Wirklichkeitsbezug des Menschen in seinem Dasein ins Zentrum rückte.

Schelling erweitert den denkerischen Rahmen des Idealismus durch die Integration der existentiellen Erfahrung im Dasein. Damit verändert sich der Begriff und Inhalt seiner Philosophie. Als *Wissenschaft* wiederspiegelt sie apriori rational das *Objektive* des Bewusstseins von der Welt im Wissen, aber als unsere *positive Erfahrung* in der Welt bleibt die Philosophie nur ein *möglicher* Entwurf einer geschichtlich sich frei erzeugenden Wirklichkeit. In unserer Erfahrung potenziert sich die Freiheit als eine ursprünglich universelle Tätigkeit, die sich im menschlichen Handeln als unsere eigene Erfahrung in der Gegenwart projiziert und sich nur im „freien Tun" durch uns manifestiert und wirklich wird. Denn Wirklichkeit ist nicht, sondern sie wird vom Menschen erst zur daseienden Wirklichkeit gemacht.[5] Damit ist die positive Philosophie eine

---

[4] SW II, 3,155
[5] Die Relation des Seins zur Wirklichkeit wird von M. Gabriel ausführlich als ein „Vernehmen des Seins" im Bewusstsein untersucht in: „Der Mensch im Mythos. Untersuchung über das Verhältnis von Ontotheologie, Anthropologie und Selbstbewußtseinsgeschichte in Schellings ‚Philosophie der Mythologie'. Diss., Uni Heidelberg, veröffentlicht in: Quellen u. Studien zur Philosophie, hrsg. von J. Halfwassen, J. Mittelstraß, D. Perler. Band 71. – Berlin/N.Y., 2006; hier S. 26

Herausforderung für den wirklichen Menschen geworden, die darin besteht, sich seine Wirklichkeit selbst anzueignen und selbst zu schaffen. Dies gilt für jedes Individuum in jeder geschichtlichen Epoche. Denn die Potenz des Seins bleibt als „Keim des Lebens" nur die universelle Möglichkeit des Lebens, die aber als Potenz noch keinesfalls das wirkliche Leben ist, sondern nur die „Leerstelle" bzw. der „Platzhalter" für die „Freiheit" der Selbstorganisation des Lebens.

Den ersten Schritt für diese Erweiterung finden wir in der Freiheitsschrift von 1809. In der Folge schließen sich die weiteren Schriften bzw. seine Vorlesungen, worin sich eben diese positive Freiheit zum System entwickelt, an.

Schellings Philosophie der Freiheit kann man als seine zweite große Leistung innerhalb der Philosophie des deutschen Idealismus ansehen, also neben seiner Naturphilosophie, für die er als Erneuerer allgemein gewürdigt und anerkannt wird.[6] Die Freiheit ist das zentrale Thema seiner Philosophie seit 1809. Vorher, also in seiner Transzendental- und Identitätsphilosophie gab es den Begriff der Freiheit auch schon, denn das Selbstbewusstsein ist ohne den ursprünglichen Akt der Abstraktion im Wissen durch Freiheit nicht zu begründen. Schellings früher Idealismus unterscheidet sich insofern nicht vom Idealismus Fichtes oder Hegels, weil das reflexive Denken bei ihm ebenso in die Gefahr der Zirkularität des Bewusstseins gerät.[7] Seine Naturphilosophie kann deshalb als ein erstes methodisches Regulativ angesehen werden, den Theoriestatus der Philosophie zu erhalten, indem das Objektive zur primären

---

[6] Xavier Tilliette betont in seiner Schelling-Biographie diese Schrift als Beibehaltung des systematischen Ansatzes, „um sich in neue Richtungen" zu begeben. Tilliette, X.: Schelling. Biographie. – Stuttgart, 2004, S. 203

[7] Siehe zu Schelling und Fichte Schwenzfeuer, S.: Natur und Subjekt. Die Grundlegung der schellingschen Naturphilosophie. – Freiburg/München, 2012. Hier aber eine sehr starke Anlehnung an Fichtes Philosophie.

Auszeichnungsweise seines Subjektivitätsbegriffs wird.[8] In der Freiheitsschrift von 1809 kommt es zum Ausbau und zur Veränderung dieses theoretischen Ansatzes. Die Freiheit ist dabei nicht schlechthin ein Ersatzbegriff für die logische Enge der Theorie innerhalb des Idealismus, sondern bei Schelling ist die Freiheit selbst ein System und begründet eine freie Philosophie: Sie ist eine freie Philosophie als ein freies Denken. Anders ist für ihn eine Philosophie nicht mehr möglich. Menschliches Denken wird durch die Freiheit zu einem ausgezeichneten Seinsmodus und somit in ein „reales" Geschehen transformiert, das wir theoretisch im Denken nur auf doppeltem Wege einholen können, nämlich a) durch reelle Anschauung und b) intellektuell im Bewusstsein. D.h., nicht die Duplizität unseres Wissens in den beiden Weisen des Erkennens verleiht der Philosophie einen grundsätzlich neuen, weil anderen Charakter, denn das Wissen ist ja selbst auch wiederum nur an unsere Subjektivität, sprich Endlichkeit, gebunden. Sondern das Sein der Freiheit im Bewusstsein eröffnet uns sowohl unsere menschliche Welt der Erfahrung, als auch unser existentielles Dasein in der Zeit und im Universum. In der positiven Philosophie vollzieht sich ein Perspektivwechsel, jedoch jetzt nicht vom Subjektiven zum Objektiven der Natur, sondern vom Subjektiven zur positiven Freiheit, worin sich unser Denken transzendiert. Und hierin, in diesem Punkt der Freiheit, liegt die Schnittstelle

---

[8] In dieser Priorität des Objektiven besteht eine Gefahr für die Interpretation der Philosophie Schellings darin, wenn das Objektive einfach durch die „Natur" ersetzt wird und es somit zu zwei Teilen der Philosophie kommt, nämlich dem theoretischen und praktischen Teil. Die Naturphilosophie kann aber nicht „praktisch" sein, sondern sie bleibt „theoretisch". Solch einen Naturbegriff finden wir z.B. bei M. Rudolphi: Produktion und Konstruktion. Zur Genese der Naturphilosophie in Schellings Frühwerk. – Stuttgart, 2001 [Schellingiana ; 7]

zur Philosophie des Seins bei Heidegger.⁹ Der Charakter der Philosophie bei Schelling verändert sich grundlegend.

Die Freiheit ist das Allgemeine, so, wie sie sich idealistisch begründet. Aber sie ist bei Schelling eben auch das Besondere und Individuelle,¹⁰ das sich im endlichen Geschehen manifestiert und so jedem Einzelnen die konkrete Bestimmtheit verleiht, sich im System als Totalität der Freiheit als ihren universellen Möglichkeitsgrund, zu realisieren. Sie ist Geschichte. Das Verhältnis von Möglichkeit und Wirklichkeit der Welt eröffnet den großen Spielraum des Handelns bzw. Erkennens aus Freiheit, und weil Freiheit des Willens, ist sie ebenso ein Handeln aus ursprünglicher Verantwortung in uns, nämlich zum „Guten". Die Möglichkeit liegt aber ebenso auch im „Bösen". Das ist die konkrete Freiheit des Individuums. Ein *Wissen* der Freiheit genügt Schelling nicht, denn sie führt uns letztendlich wieder nur in einen abstrakten Rigorismus der sittlichen und rechtlichen Grundsätze, die der Mensch wissend zu befolgen hat. Und hier finden wir denn auch Schellings Kritik. Der Mensch *soll* das Gesetz achten, er *soll* seinem Wissen auch in seinem konkreten Handeln nicht widersprechen, er *soll* gut sein, und ist es schließlich doch nicht. Deshalb gilt für Schelling nicht allein das Wissen, sondern mehr noch das menschliche Ge-wissen. „Der Gewissenhafte bedarf dieß (nämlich des Pflichtgebots – E.H.) nicht; es ist ihm nicht *möglich* anders zu handeln als es recht

---

⁹ Man kann also, indem man Heidegger liest, viel über Schellings positive Philosophie erfahren und verstehen. Schellings Philosophie gewinnt durch die Freiheit ihre Aktualität in der gegenwärtigen Philosophie. Übrigens kann man dies auch noch weiter zurückverfolgen und als eine Rückbesinnung auf das 19. Jahrhundert lesen, denn mit Kierkegaard, der Schelling in Berlin hörte, beginnt diese Auslegung der Freiheit des Seins.

¹⁰ Hier zeigt sich eine Parallele zu Heideggers „Sein und Zeit", der vom „Dasein" als „In-der-Welt-sein" ausgeht und durch dieses „Dasein" ebenfalls kein Subjekt erzeugen will, sondern eine Struktur des „Da" des „Seins" entwirft, worin die Möglichkeit des Begegnens von Seiendem begründet liegt.

ist."[11] Was an diesem Beispiel verdeutlicht werden soll ist, dass der *individuelle Mensch* selbst in den Mittelpunkt der Philosophie gerückt ist.[12] Und Aufgabe der Philosophie ist es, als freie Wissenschaft die Freiheit des Seins des Menschen zu erklären, ohne dabei in die alte Substanzmetaphysik zurückzufallen.[13] Die Freiheit ist kein Wissen, sie ist keine Substanz, keine Sache oder ein Ding, sondern sie ist reine, universelle Potentialität. Das, was sie ist, wird sich ebenso universell im endlichen Geschehen erweisen, denn dafür steht das gesamte Potential der Freiheit. Menschliches Bewusstsein, das dieses gleiche Potential ist, ist in der Welt *schöpferisch produktiv*, d.h. unser Denken potenziert sich als Freiheit immer dann, wenn sich das unbewusste Selbstverhältnis in uns als ein bestimmtes und bewusstes Selbstverhältnis durch uns wirklich realisiert und in unserem konkreten Tun materialisiert. Im *schöpferischen* Charakter des Bewusstseins, denn durch diesen zeichnet sich allein nur der Mensch unter allen Lebewesen aus, kann die *positive* Erweiterung für die Philosophie nur im *Transzendieren* liegen, weil hierin der konkrete Mensch zu seiner bestimmten Selbst-Transzendenz herausgefordert wird, und zwar nicht ekstatisch, wie wir es aus der Erlanger Zeit kennen, sondern als

---

[11] SW I, 6,558

[12] Vgl. Andries, M.: Schellings Entwicklungsbegriff. Wandlungen und Konstanten in seiner Naturphilosophie. Diss., Uni Tübingen, 2010, S. 17ff. Andries verweist auf die Selbstorganisation und darauf, wie sich Schellings Entwicklungsbegriff vom Gedanken der Evolution unterscheidet. Ebenso Florig, O.: Schellings Theorie menschlicher Selbstformierung. Personale Entwicklung in Schellings mittlerer Philosophie. – Freiburg, 2010. Florig verbindet die Selbstformierung des Menschen mit der Anthropologie.

[13] Damit ist die große Thematik der Theodizee angesprochen, die Schelling auf spezifische Weise dadurch löst, dass er die Schöpfung der endlichen Welt in den menschlichen Freiheitsakt legt und somit menschliche Freiheit real als das Verhältnis des Guten und Bösen erklären kann. Reale Freiheit bestätigt die *Autonomie* des Menschen. Sie bestätigt nicht seine religiöse Abhängigkeit von Gott, denn Gott handelt nicht böse. Gott ist die Güte.

Mensch ontologisch und geschichtlich:[14] Dabei greift der einzelne Mensch auf kein Vorbild zurück, sondern sein individuelles Leben ist sein realisierter Selbst-Entwurf. D.h., seine Selbst-Verwirklichung, die ohne diese Freiheit nicht zu denken ist, erfolgt auf die verschiedenste Weise im Sinne der ontologischen Selbst-Verwirklichung des Daseins (z.B. die Sinngebung im praktischen Handeln), im Sinne des ästhetischen künstlerischen Schaffens, im Sinne der Geschichtlichkeit des Wissens und Erkennens (in Philosophie und Einzelwissenschaften) und als Tätigkeit im Sinne der Arbeit (die Institutionalisierung in Staat (Recht) und Gesellschaft (Politik) sowie die materiale Verdinglichung bzw. Vergegenständlichung des Denkens in der Arbeit (modern würden wir heute Arbeitswelt oder Technikentwicklung sagen). Schelling hat bei der Beschreibung der konkreten Momente des Alltagslebens die Kategorie der „Arbeit" im Sinne der Vergegenständlichung keineswegs nur episodisch behandelt, denn hierfür steht sein Begriff der „schöpferischen Werktätigkeit" im Sein des Seienden. Was in der Bedeutung der „Arbeit" für die Ontologie bei Schelling aber spezifisch zur Anwendung kommt, ist die Rolle des Seienden im Sein. Und hier können wir festhalten:

Man kann diese schöpferische Produktivität unserer Freiheit, also eben diese ursprüngliche Potenz der freien Tätigkeit im Handeln in und allein durch uns, auch als das „Faktische" bezeichnen. Und so lese ich die Transzendenz als eine Faktizität des Lebens: Das menschliche Dasein bestimmt sich faktisch durch die Kontingenz sowie zeitlich durch die Transzendenz. Für Schelling ist dies eines der Gesetze im System der Freiheit, welches er neben weiteren, so wie er

---

[14] Siehe vgl. hierzu: Watanabe, J.: Der Mensch in der Entzweiung seines inneren Wesens. Schellings Auffassung des Menschen in der Freiheitsschrift. – In: Watanabe, J.: Zwischen Phänomenologie und Deutschem Idealismus. Ausgewählte Aufsätze. – Berlin, 2012, S. 225-244 [Philosophische Schriften ; 78]

sagt, für die positive Philosophie neu entwickelte. Die Transzendenz ist somit ein *positiver Begriff* in unserer wirklichen Welt sowie im individuellen Leben. Sie ist genealogisch das ewige Geschehen der Selbstorganisation des universellen Lebens (Unendlichkeit), und als zeitliche Existenz durch uns (Endlichkeit) ist sie die Freiheit zu sein – und zwar als ein geschichtliches, freies und zufälliges Geschehen – zu sein. Aber dabei ist die Transzendenz immer als die unendliche Freiheit des Seins zu lesen. Denn man darf die Endlichkeit nicht isoliert einer transzendent absoluten Freiheit gegenüberstellen, weil dann methodisch etwas ganz anderes geschieht: nicht der Mensch, sondern Gott wird zum alleinigen Schöpfer der Welt. Weil die Interpreten,[15] die in Schellings Spät-Philosophie mehr das Gewicht auf die Offenbarung legen und dabei die religiöse Begrifflichkeit auch verstärkend mit aufgreifen, zwar ein religiöses Bewusstsein,[16] aber kein freies positives Menschenbild aus diesen Prämissen entwickeln können, bemühen wir uns, im Gegensatz dazu, in unserer Untersuchung in diesem Band der Berliner Schelling Studien ganz besonders, diesen hier entwickelten neuen positiven Ansatzpunkt für den Menschen in der ‚Freiheit als System' bei Schelling aufzugreifen, um hieraus das Positive des neuen Menschenbildes, das Schelling in der Philosophie der Freiheit entwickelt, schrittweise herauszuarbeiten.[17]

---

[15] Beginnend mit Fuhrmans, kontrovers dazu W. Schulz, erhält sich dieser gegensätzliche Standpunkt in der Interpretation bis heute. Zur Religion siehe Franz, A.: Philosophische Religion. – Amsterdam, 1992 [Elementa ; 56]; Koslowski, P.: Philosophien der Offenbarung. – Paderborn u.a., 2001

[16] Vgl. Wenz, G: Das Böse und sein Grund. – München, 2010; Brouwer, Chr.: Schellings Freiheitsschrift. Studien zu ihrer Interpretation und ihrer Bedeutung. – Tübingen, 2011

[17] Siehe hierzu auch meinen Beitrag: Schellings Philosophie des Übergangs 1809-1827. – In: Negativität und Positivität als System. Berliner Schelling studien. Bd. 9. – Berlin,2009, S. 163 - 194

Wir versuchen also, hier mit unserer Orientierung auf die positive Philosophie, zu einer vertieften *Analyse des Menschen* zu kommen. Das ist keineswegs eine selbstverständliche Auffassung, denn mit der positiven Philosophie wird gewöhnlich Schellings Religionsverständnis verbunden. Der einzelne Mensch bleibt jedoch der Mittelpunkt auch in seiner positiven Philosophie.[18] Und erst damit überschreitet Schelling den Idealismus insgesamt. Er überschreitet ihn mit der Transzendenz und gewinnt das Positive. Dabei sind folgende Aspekte bedeutsam: Das Positive ist nicht Gott, sondern ist der Mensch. Das ist die erste These unserer Analyse, die sich gegen den Gedanken der absoluten Subjektivität bzw. den der Hypostasierung richtet. Und das Positive ist auch keine göttliche Schau der ewigen Natur, sondern die Freiheit des existentiellen Lebens der Individualität. Das ist die andere These, die wir gegen die Parallelisierung einer endlichen mit einer göttlichen Natur vertreten, weil uns ein derartiger Parallelismus philosophisch nicht nur zu einfach erscheint, sondern weil wir hiermit aus der Objektivität keinen Schritt herausgekommen sind. Denn wir können Schellings Entwicklung des Positiven nicht mehr mit einem objektiven Idealismus erklären. Insofern richtet sich Schelling mit seiner positiven Philosophie sowohl gegen die Subjektivität als auch gegen die Objektivität in der Philosophie. Die Weiterentwicklung liegt im System der Freiheit.

Der existierende Mensch ist ursprünglich gut und böse zugleich – und in dieser Ursprünglichkeit seines Seins zeigt sich zugleich sein realer Bezug zur Freiheit. Der Mensch ist im Zentrum, er ist in der Schöpfung geboren, sagt Schelling 1809.

---

[18] Schellings Bruder, Karl Eberhard Schelling, hat in seinem Buch „Über das Leben und seine Erscheinung. – Landshut, 1806 ebenfalls ein philosophisch-transzendentales Menschenbild entworfen. Vgl. hierzu meinen Beitrag in den Berliner Schelling Studien. Band 10: Natur-Romantik-Philosophie. – Berlin, 2012, S. 93 -201

Aus jener Realität gewinnt er seine potentielle Schöpfungskraft, die als menschliches Handeln immer konkret geschichtlich ist – nämlich positiv. Aber als endliches Handeln eben – *gerade nicht* – göttlich ist. Das zeigt uns bereits die Freiheitsschrift.

Der Idealismus verbleibt in der Negativität. Schellings neues Menschenbild wird das Positive und das Negative vereinen, weil beide das Wesen des Menschen ausmachen. Schelling hat immer ein offenes und produktives Verhältnis zum idealistischen Denken, denn er kann darauf auch in seiner sog. Spätphilosophie nicht verzichten. Ebenso wie seine Philosophie nicht einfach eine Religionsphilosophie[19] sein kann, lässt sie sich auch nicht auf eine reine Anthropologie reduzieren.[20] In diesen jeweils einseitigen Lesarten fehlt der positive Gedanke der Freiheit als System. Und damit geht die Dynamik in Schellings philosophischer Entwicklung verloren, denn gerade in der Potentialität liegt das universelle Prinzip der Selbstorganisation aus Freiheit.

Zur Fundierung unseres Ansatzes sowie zur Begründung unserer vorangestellten Thesen können wir aus der jüngeren Geschichte der Philosophie auf Heideggers Lehre vom Sein in seinem Buch „Sein und Zeit" zurückgreifen. Denn hier lassen sich durchaus Parallelen in der Interpretation des Menschen finden, die auf dem gleichen Prinzip der positiven Freiheit basieren. Dass sich Schellings Philosophie der Freiheit von Heideggers Fundamentalanalyse des Menschen unterscheidet und sich darin verschiedene Standpunkte zum Sein klar

---

[19] Vgl. Jaeschke, W./Arndt, A.: Die klassische Deutsche Philosophie nach Kant. Systeme der reinen Vernunft und ihre Kritik 1785 - 1845. – München, 2012. Schellings Philosophie ist Religion und nach 1810 wird sie nur noch fragmentarisch aneinandergereiht, also stark verkürzt wiedergegeben.

[20] Vgl. Jantzen, J./Oesterreich, L. (Hrsg.): Schellings philosophische Anthropologie. – Stuttgart, 2002; Theunissen, M.: Schellings anthropologischer Ansatz. – In: 47(Arch.f.Gesch.Phil.) S. 174-189

positionieren, bleibt unbestritten. Dennoch liegt in der Unterschiedlichkeit ihrer Systematik zugleich ihre große Nähe in der Thematik, die Heidegger in der Kategorie der Freiheit bei Schelling findet und analysiert.[21] Hierzu finden wir im Beitrag von Harald Seubert im vorliegenden Band vertiefende Ausführungen zur Logik als Frage nach der Wahrheit. Weiterhin lässt sich die Vermittlung des neuen Menschenbildes in Schellings System der Freiheit über Heideggers Rezeption in der neueren japanischen Philosophie, z.B. bei Nishida, Watsuji und Kuki, finden und nachweisen.[22] Diese Fragen verfolgen die beiden japanischen Schelling-Forscher Yohichi Kubo und Tetsuya Sakakibara aus Tokio. Interessant bei allen Analysen ist die Übereinstimmung der Autoren in der Abwendung von der Subjektivität und die Hinwendung zum konkreten Dasein der Individualität, wodurch sich für die Sicht des Menschen ganz neue Möglichkeiten der Interpretation eröffnen, die nicht abstrakt wissenschaftlich bleiben, sondern konkret historisch werden. Darin besteht eine Aktualisierung der Philosophie Schellings, der diesen Grundgedanken in seiner Freiheitschrift 1809 entwickelte und dieses System bis zu seinem Lebensende 1854 weiter verfolgte. Schellings Grundgedanke der Freiheit zeigt sich in der negativen und positiven Philosophie und er zeigt sich konkret in der Abgrenzung des Wissens (Negative) vom positiven Erkennen (Erfahrung). Denn in der Welt zeigt sich die Erfahrung nicht allein nur als ein „Ich", sondern als eine Struktur des „Da-Seins", worin der Mensch lebt und existiert. Bei Schelling ist positives Erkennen kein „Ich" mehr, sondern kann sich existentiell nur als ein „In-der-Welt-Sein", wie

---

[21] Zu Heideggers Vorlesung zur Freiheitschrift Schellings siehe weiter: Hühn, L. / Jantzen, J. (Hrsg.): Heideggers Schelling-Seminar (1927/28). – Stuttgart, 2011 [Schellingiana ; 22]. Im SS 1936 hielt Heidegger die Vorlesung „Schellings Abhandlung über die menschliche Freiheit. 1809".

[22] Zur Logik der positiven Wissenschaft siehe auch: Kubo, Y.: Prinzip, Bedingung und Verfahrensweise des Hegelschen Systems. – In: Logik und Realität. Hrsg. v. Chr. Jamme u. J. Kubo. – München, 2012, S. 69 - 82

Heidegger es ebenfalls formuliert, verhalten und begegnen. Aus Schellings Sicht wird das erfahrbare positive „Ich" selbst ein vielfältiges „Verhalten", das sich aus der Offenheit des Seienden in seiner Totalität bestimmt und endlich erzeugt. Schelling spricht vom Leben deshalb vom „Es", weil menschliche Existenz immer das Unbewusste der „Verborgenheit" des Seins, nämlich die Dimension der Transzendenz, mit einschließt und voraussetzt. Die Radikalisierung der Transzendenz im Menschen – denn hier, also im Menschen, fokussiert sich das, was Schelling unter „positiver Freiheit" versteht – wird zum Keim des wirklichen Lebens. Und jetzt, in der wirklichen Existenz des Daseins erfährt sich der Mensch einerseits als ein bewusstes, ideelles Selbstverhältnis im „Ich", und andererseits als ein produktives, reelles Selbstverhältnis aus Freiheit im existentiellen Dasein. Für den wirklichen Menschen sagt Schelling deshalb: *Ich werde sein, der ich bin,*[23] und das setzt für jede Existenz ein zeitliches Dasein sowie die Kontinuität einer Vergangenheit voraus. Und sie schließt zugleich in der Gegenwart die Zukunft mit ein. In diesem Vermittlungspunkt des ‚In-der-Welt-seins' des Menschen treffen sich die Philosophien Schellings und Heideggers und zeigen sich in ihrer größten Nähe und philosophischen Verwandtschaft.

Bei der Rezeption des schellingschen Freiheitsbegriffs durch Heidegger, die wir in den einzelnen Beiträgen dieses Bandes verfolgen können, sollen vergleichend Problemkreise angesprochen werden, die sich parallel bzw. unterschiedlich bei Schelling und in der Lehre vom Sein bei Heidegger entwickeln.

Ausgehend vom Sein unternimmt *Harald Seubert* in seinem Beitrag eine Analyse des existentiellen Erfahrungsbegriffs, der bei Heidegger zu einem ontologisch epistemischen Status einer hermeneutisch orientierten Lebenswelt wird, worin sich

---

[23] SW I, 8,264

die Wahrheit als Logik mit einer phänomenologischen „Situation" vereint. Im Situationsbegriff lichtet sich die Wahrheit des Seins im sich vollziehenden Wahrsein des Seienden, wobei sich das Dasein enthüllend verhält. Damit spricht Heidegger für die Logik der Wahrheit einen Unterschied zwischen Sein und Seiendem an, der in einer ontologischen Differenz gründet. Das Sein ist in dieser Differenz das sich wesentliche Wahr-Sein, das sich erst in seinem Seienden – im existentiellen Dasein – enthüllen kann. Heidegger gibt der Logik somit einen phänomenologischen Grund. Er belässt das „Ist" als Copula eines Satzes nicht in der Zeitlosigkeit des Seins, sondern kann es im Seienden in die Temporalität überführen, d.h. das Sein als In-der-Welt-Sein kann sich „gegenwärtigen". Das Gegenwärtigen ist, so Seubert, deshalb als der ‚Schlüssel für die phänomenologische Erfassung der Logik als Frage nach der Wahrheit anzusehen'.[24] „Damit wird das Grundproblem der Logik auf eine doppelte Problemstruktur hin vorentworfen: es verweist zum einen auf die *Gesetzlichkeit* des Denkens, dieses enthülle sich aber als Problem der menschlichen Existenz, näher: als Problem der Freiheit."[25]

Und das, was wir im Beitrag von Harald Seubert über Heideggers Logik lesen, führt uns zum schellingschen Problemkreis des Seins. Wir sehen in der Logik bei Heidegger einen Anknüpfungspunkt in der Philosophie Schellings, den wir aufgreifen und zum besseren Verständnis näher beleuchten wollen. Die Einheit beider Philosophien besteht sowohl in der Begrifflichkeit von Existenz, Freiheit und in der Differenzierung des Seins für die Logik, als auch inhaltlich in der Möglichkeit eines Transzendierens des Daseins in der Zeit. Weil aber die Zeitlichkeit bei Heidegger an die Existenz des Daseins gebunden bleibt, ist sie für seine Logik nur Grund und

---

[24] Seubert, hier in diesem Band S. 49 ff.
[25] Seubert, hier im Band S. 57

phänomenologisch gegenwärtig, so dass ihr Ergebnis die Gegenwart bleibt, obwohl sie doch in ihrer eigentlich synthetischen Einheit des Seins, die sich aus der ontologischen Differenz ergibt, mit der Zeit die Möglichkeit des Transzendierens des Daseins einschließt und ja auch vollzieht. Das Transzendieren, womit die Nähe zu Schellings Philosophie, aber zugleich auch die Differenz sichtbar wird, verbleibt bei Heidegger in der Phänomenologie des existentiellen Daseins, das sich bezüglich seines Seins des Daseins unterschiedlich auslegt: nämlich a) als Existenz, b) als Intentionalität (Ich = Ich, das Verstehen) und c) als Jemeinigkeit (Ich bin es, der Ort des Selbst des Daseins der Begegnung). Das reine apriori ist bei Heidegger somit begründend für den *Sinn des Seins* der Gegenwart. Bei Schelling bleibt dieses apriori jedoch das *Sein* und es kann deshalb als ein Sein diese Begründungsfunktion, wie wir sie bei Heidegger sehen, in der Gegenwart nicht mehr einnehmen[26]. Das ist zugleich eine klare Konsequenz aus der schellingschen Freiheit.[27] Was Heidegger deshalb als „Sorge" formuliert, ist, ähnlich bei Schelling, aber sowohl anders begründet als auch anders im Ergebnis, die „Schwermut" des Menschen im Dasein. Denn Schelling formuliert: „Der Mensch bekommt die Bedingung nie in seine Gewalt, ... Dieß ist die

---

[26] Vor diesem Hintergrund des Seins können wir Schellings neues Menschenbild in der positiven Philosophie verstehen, denn nur weil die Eigen-Verantwortlichkeit für das Individuum besteht, ist der Mensch auch unabhängig von Gott. Odo Marquardt verfolgt in anderem Zusammenhang den gleichen Gedanken wie wir und bezeichnet dies als die „Autonomie" und warnt zugleich vor der Radikalität der Fragestellung, die in einen „Atheismus" auslaufen könnte. Das sehen wir ebenso, aber Schelling wird diesen Radikalismus vermeiden. – Vgl. Marquard, O.: Grund und Existenz in Gott. – In: F.W.J. Schelling. Über das Wesen der menschlichen Freiheit. Hrsg. von O. Höffe und A. Pieper. – Berlin, 1995, S. 55 ff.

[27] An diesem Apriorismus muss sich sein Religionsbegriff prüfen lassen, den wir in unserer Interpretation durchaus nicht ignorieren wollen. „Gott" ist sowohl eine Begrifflichkeit in der Philosophie als auch in der Theologie, aber eben deshalb auch für die Philosophie deutlich zu unterscheiden.

allem endlichen Leben anklebende Traurigkeit ... Daher der Schleier der Schwermuth, der über die ganze Natur ausgebreitet ist, die tiefe unzerstörliche Melancholie alles Lebens."[28] In diesem „nie in seine Gewalt" bekommen, liegt eine ganze Theorie, die das System Schellings von Heidegger unterscheidet. Es sind nicht nur die Begriffe der „Sorge" und der „Schwermut", die wir ja beide fast dem alltäglichen Sprachgebrauch entnehmen können und die deshalb durchaus nicht philosophisch sein müssen. Auch hierin bekunden beide Philosophen ihre gleiche Absicht, die Alltäglichkeit des individuellen Lebens auszudrücken. Beide Begriffe werden erst dann philosophisch, und damit auch deutlich unterscheidbar bei Heidegger und bei Schelling, durch ihren „Bezug" zur Freiheit, d.h., als „Sorge" phänomenologisch und als „Schwermut" transzendent. Wir können diese Problematik der Einheit und Differenz des Seins bei Heidegger und Schelling hier nur exemplarisch aufweisen, weil es zu umfangreich wäre, sie detailliert zu entwickeln.

In unserem nächsten Beitrag vertiefen wir die Untersuchung in Heideggers Konzeption der lebensweltlichen Aneignung, worin sich Dasein als ein Verstehen aus seiner Um- und Mitwelt gegenwärtigt. Wir folgen somit der deskriptiven Analyse, die das menschliche Sein ausmacht als das, was an ihm vorfindlich ist. Der Mensch ist auch hier, ebenso wie bei Schelling, nicht anthropologisch zu lesen, sondern aus seinem faktischen Dasein heraus hermeneutisch zu interpretieren.[29] Dieser Ansatz wird besonders in der japanischen neueren Philosophie aufgegriffen und weiterentwickelt. Bei den neueren Philosophien ist keine Abkehr vom Buddhismus,

---

[28] SW I, 7,464 [Freiheitsschrift, 1809]
[29] Zur Faktizität des Seins der Freiheit vgl. auch meinen Beitrag an der Universität Tokyo im Jahre 2009, der unter dem Titel: „Sein und Freiheit: Hegels dialektische Identität und Schellings philosophische Faktizität" im März 2010 in der Zeitschrift No. 28 der Komazawa Universität (ins Japanische übersetzt) erschien.

Konfuzianismus, Taoismus und Shintoismus gemeint, die weiterhin traditionell als praktische Weisheit die japanische Lebenswelt bestimmen, sondern es vollzieht sich im neueren Denken eine Öffnung für das europäische Gedankengut, das in die japanische Philosophie integriert, aber nicht kopiert wird. So kann die japanische Philosophie ihre Unabhängigkeit in der Tradition sowie ihre Selbstständigkeit der Weisheit in ihrer Kultur bewahren, gerade auch dann, wenn sie neuzeitlich mit einem hermeneutischen Ansatz begründet wird. Der japanische Weg, sich den westlichen philosophischen Gegenwartsströmungen zu öffnen, ist nicht als eine Selbstverständlichkeit zu lesen, wenn man die Geschichte des Landes berücksichtigt, dass sich erst in der Meiji-Zeit, also im 19. Jahrhundert, dem europäischen Kulturraum zuwendete. Insofern gewinnt im heutigen Japan die Hermeneutik zunehmend an Bedeutung, weil sie sich auf Heidegger beziehen kann. Zu den großen Philosophen der neueren Generation gehören neben der Kyoto Schule[30] Tetsuro Watsuji (1889 – 1960), Syuzo Kuki (1888 – 1941) und Hajime Tanabe (1855 – 1962).

Yohichi Kubo, der an der Komazawa Universität in Tokyo lehrt, widmet sich der hermeneutischen Analyse bei den neueren Philosophen. Er beginnt mit dem Verhältnis von Watsuji und Heidegger. Watsuji ist der Sohn eines Arztes, der in seiner Jugend Gedichte schrieb und eine Literaturzeitung herausgab. In dieser frühen Zeit beschäftigte er sich mit der Philosophie Kierkegaards und Nietzsche. Der Individualitätsgedanke im europäischen Denken war die Grenze, die sich mit der buddhistischen Weisheit nicht vereinbaren ließ. Erst während seiner Lehrtätigkeit an der Universität in Tokyo und

---

[30] Siehe hierzu auch das Deutsch-Japanische Kolloquium der Schelling-Forschungsstelle an der Humboldt-Universität am 28. Oktober 2003 unter Leitung von Volker Gerhardt, wo wir uns erstmals der Philosophie der Kyoto-Schule annäherten. Siehe: Schelling und Nishida. Berliner Schelling Studien, Band 5 – Berlin, 2009 [Berliner Schelling Studien ; 5]

später in Kyoto, begann er, sich mit Heidegger zu beschäftigen und entwickelte seine eigene Hermeneutik. Zu seinen Hauptwerken zählt eine zweibändige „Geschichte der japanischen Ethik" (1954) und „Fudo" aus dem Jahr 1935. 1992 wurde dieses Werk unter dem Titel „Fudo – Wind und Erde. Der Zusammenhang zwischen Klima und Kultur" ins Deutsche übersetzt und von der Wiss. Buchgesellschaft Darmstadt herausgegeben. Sie ist für uns deshalb eine gut zugängliche und bekannte Schrift.[31]

Watsuji sieht eine Erweiterung der Situation des sich phänomenologisch vollziehenden Daseins in der intentionalen Möglichkeit des Begegnens nicht nur in der Zeit, sondern auch im Raum. Er greift diesen Gedanken auf und beruft sich bei seiner Heidegger-Rezeption mehr auf ‚die räumliche Beziehung des Menschen zur Natur'. Im „Umwelt-Erlebnis" wird die Seinsstruktur im Verhältnis zur Welt mit Verweis auf seine Mit- und Selbstwelt verstanden, damit sie sich als eine zeitliche Erscheinung der japanischen Kultur auslegt. Seine hermeneutische Ontologie greift auf Heideggers Werk Sein und Zeit aus dem Jahre 1927 zurück. In der Existenz gründet die Zeitlichkeit des Einzelnen, die sich als Existenz nur in der Relation des Transzendierens hervorheben kann. Daraus zieht Watsuji für seine japanische Ethik einen Moment der Entwicklung, die das Individuum stärker in die Gemeinschaft einbindet, indem sie die Verhältnisse von der Individualität an die Gemeinschaft zurückbindet. Kubo führt weiter aus, dass dieser Gedanke der Transzendenz bei Watsuji eine besondere Berücksichtigung fand und er ihn weiter im japanischen Denken verwurzelte. Die Transzendenz erhält bei ihm einen dreifachen Aspekt: erstens ist es das Verhältnis der Menschen

---

[31] Als Sekundärliteratur ist zu nennen: Liederbach, H.P.: Martin Heidegger im Denken Watsuji Tetsuros. Ein japanischer Beitrag zur Philosophie der Lebenswelt. – München, 2001. Und weiter Sepp, H.R. zusammen mit Yamaguchi: Leben als Phänomen: die Freiburger Phänomenologie im Ost-West-Dialog. – Würzburg, 2006

untereinander, zweitens, ihr Verhältnis in der Geschichtlichkeit jeder Gesellschaft und drittens, ihr klimatisches Verhältnis, also der Raum ihrer Umweltverhältnisse. Diese einzelnen Relationen werden von Watsuji ausführlich untersucht und als neue Ethik in seinen Werken ausgeführt. Besonders interessant ist das Wort „Fudo", das Klima bedeutet. Durch Berücksichtigung der klimatischen Verhältnisse gliedert Watsuji die menschlichen Selbstverhältnisse in drei Typen. Er unterscheidet den Monsumtyp, den Wüstentyp und den Wiesentyp. Wir, europäisch gesinnt, werden dem letzteren zugeordnet und erhalten ebenso wie in jeder Typisierung, unsere eigene Spezifik.

In der Rezeption Heideggers durch Syuzo Kuki gewinnen wir einen Einblick in die japanische Ästhetik, die mit dem Namen „Iki" bezeichnet wird und die Ausdruck des ästhetischen Ideals ist. Die klassischen Ideale der japanischen Ästhetik sind mit dem buddhistischen Glauben an die Transzendenz des Seins verbunden sowie auch dem konfuzianistischen Selbstverhältnis verhaftet, das sich als ein Ideal der praktischen Lebensweise über die Grenzen Japans weit verbreitete. Wir knüpfen hier mit dem Namen Iki ebenfalls an die traditionelle japanische Lebenswelt und Lebensweise an, die sich selbst mehr als ein „Weg" des Lebens versteht. Zur Theorieausbildung der japanischen Ästhetik kam es erst in der neueren Zeit, die eng verknüpft mit der philosophischen Lehre, sich ebenfalls in der Meiji-Restauration, also im 19. Jahrhundert, entwickeln konnte. Die Hermeneutik erweist sich hier in Japan als Lehre besonders dazu geeignet, rezeptiv die eigene Geschichtlichkeit im freilegenden Vollzug offenzulegen (mit Heidegger) bzw. sie offenbar werden zu lassen (mit Schellings Philosophie). Dabei ist die japanische Hermeneutik keine Theorie, sondern eher eine offene Systematik, die das Sein im Sinne der anwesenden Existenz in ihrer *japanischen* Spezifik belässt und zugleich aber im Ganzen in der Struktur des „Da" des „Seins" sich als ein „Seiendes als solches" begegnet – deshalb eben transzendent bleibt, aber doch hermeneutisch zu begründen ist. Dazu ein Beispiel. Im Iki, das zum klassisch ästhetischen Ideal gehört, bewegt man sich hermeneutisch auslegend in der japanisch traditionellen Kultur, die sich sehr stark durch ihren national japanischen Charakter ausspricht, und den sie auch bestrebt ist – im Gegensatz zum europäischen Denken – zu bewahren. Kubo spricht vom „Erlebnis", das der begrifflichen Analyse vorausgeht. Und hier, im erlebenden *Bewahren* der Tradition, findet sich die Bedeutung der japanischen Hermeneutik, die ja durch Heidegger vom *europäischen* Denken beeinflusst ist und deshalb für einen japanischen Philosophen sehr differenziert betrachtet wird. Denn dieses nationale Ideal Iki bleibt in Japan das, was es traditionell im Bewusstsein der Menschen immer war und auch heute noch ist. Hermeneutisch verstehen bedeutet deshalb hier im japanischen Bewusstsein, nur die *Möglichkeit*, neben dem primären „Erlebnis" Iki sich zugleich einen *verstehenden* Zugang zur Transzendenz zu eröffnen, worin sich das Sein in der Eigentlichkeit eines traditionellen Ideals als ein *sinnhafter* Wert im japanischen Leben offenbart und vollzieht. Erleben und Verstehen verschmelzen zur Einheit im Iki. Die *Möglichkeit* des „Vollziehens" des hermeneutischen Verstehens ist das, was das *europäische* mit dem *japanischen* Denken vereint und zugleich auch trennt. Denn der theoretische Ansatz vereint, die Weisheit und das Erlebnis des Ideals trennt beide. Für die japanische Ästhetik kann man deshalb zusammenfassend sagen, dass sie durch eine praktische Distanz zum europäischen Denken geprägt ist, die sich dadurch auszeichnet, die japanische Eigentlichkeit im Ideal Iki zu bewahren, und Neues, wie z.B. in der Hermeneutik, zu integrieren, aber nur, sofern es sich dabei als ein lebensweltlich japanisch orientiertes hermeneutisches Verstehen erweist. Mit anderen Worten, das Verstehen ist theoretisch, aber nur, wenn es konkret die Möglichkeit bietet, zum vertieften Verständnis des eigenen Welt-Erlebens beizutragen und eben deshalb im Erlebnis traditionell japanisch bleibt. Auf diese Weise bleibt die Einheit des Erlebens mit dem Buddhismus bewahrt. Und auf die gleiche Weise vergrößert sich die Differenz zum europäischen Individualismus. Das Theoriebewusstsein mit seinem europäisch-gesellschaftlichem Hintergrund lässt sich deshalb nicht beliebig anwenden auf das Bewusstsein der Ideale einer historisch gewachsenen, japanischen Tradition. Für die Hermeneutik bedeutet diese neuere Entwicklung, dass sich in der japanischen Philosophie ein ganz eigenständiger und unabhängiger Ansatz entwickeln konnte. Deutlich sichtbar wird dies z.B. auch in der Auseinandersetzung mit Heidegger. Wir können deshalb mit großem Interesse diese neuere Entwicklung in Japan verfolgen, wovon wir hier in diesem Band der Berliner Schelling Studien einen ersten Eindruck vermitteln werden. Mit Wasutji, Kuki, Tanabe und Nishida haben wir große, also bekannte, japanische Philosophen gewählt, die das japanische Bewusstsein auch heute stark beeinflussen und uns zugleich ihre hermeneutische Denkweise näherbringen.

Im Iki erfahren wir mehr über die japanische Nationalität. In seinem Buch „Die Struktur von Iki" 1930 versuchte der Philosoph Kuki, diesen japanischen Habitus dem europäischen Denken verständlich zu machen. Iki bedeutet nichts anderes, als ‚die die Geschichte habende besondere Kultur' – nämlich die japanische Kultur. Sie ist verbunden mit der Kunst der Unterhaltung der Geisha. Das Ideal besteht in der Verbindung der Ästhetik (Körperhaltung, Kleidung, Stoff, Farbe, Schminke), der Bewahrung der Tradition (Teezeremonie) und der persönlichen Intelligenz (Wissen). Auch wenn man Iki erläuternd so umschreiben könnte, gibt es bis heute, und das bleibt der bislang ungelöste Streit, eben keine eindeutige und richtige Übersetzung für diesen Begriff für uns

Europäer. Der Aufsatz von Yohichi Kubo führt uns vertiefend in die Hermeneutik des Verstehens von Iki ein.

Abschließend und am ausführlichsten wird Hajime Tanabe behandelt. Dabei geht es Kubo besonders um die Rekonstruktion der Logik des sozialen Seins in der Gesellschaft. Tanabe gehört zu den großen Philosophen des modernen Japans. Er ist ein Schüler Nishidas (Kyoto-Schule), dessen Nachfolger er wurde, und man zählt ihn zu den Schülern Heideggers. Tanabe war von 1922 – 1924 in Deutschland, wo er Alois Riehl, Heinrich Rickert, Edmund Husserl kennenlernte und in Freiburg bei Heidegger studierte. Sein hermeneutischer Einsatz bezieht sich auf die ontologische Analyse des gesellschaftlichen Seins. 1934 erschien sein Buch „Logik des sozialen Seins. Daran knüpft sich sein Begriff der Philosophie. Der Begriff des Lebens wird vom Menschen auf die anorganisch-organische Natur erweitert. Wissenschaft als reine Theorie ist nur von der Natur möglich und schließt das ein, was wir allgemein als Logik bezeichnen würden. Bei der Wissenschaft des Menschen wird es insofern komplizierter und anders, weil sich das alltägliche Leben in seiner unendlichen Mannigfaltigkeit nicht auf eine Theorie (abstrakte Einseitigkeit, Logik) zurückführen lässt. Deshalb ist der Begriff der Weisheit des Lebens besser und weit entsprechender. Menschliches Denken ist gesetzlich immer eingebunden in eine Letzt-Begründung, in ein Ganzes, also es ist immer ein transzendierendes Dasein. Die Transzendenz wiederum ist nicht die wirkliche Lebenswelt, sondern nur die reine Gesetzlichkeit menschlichen Denkens, sofern es Weisheit ist – also ist es keine natürliche (anorg.-organische) Lebenswelt. Eine das endliche Dasein transzendierende Welt vereint sich wieder mit dem buddhistischen Lebensgefühl. Tanabes hermeneutisches Problembewusstsein zielt hierbei auf ein Doppeltes, nämlich auf die Gesetzlichkeit des hermeneutischen Wissens und Erkennens, das uns auf die gesellschaftlich erfahrbare Existenz des Daseins verweist.

Tanabe bezeichnet dieses, das Leben transzendierende Moment des Erfahrens, als das „Vorausberechnen" des Menschen im Handeln. Er versucht, mit der Hermeneutik einen eigenen Lebensbegriff zu entwickeln, indem er menschliches In-der-Welt-sein mit der Ontologie des weltlichen (sozialen) Seins verbindet. Ausgehend von diesem hermeneutischen Standpunkt kann er eine neue Typologie der Gesellschaften entwerfen. Tanabe beruft sich in der Begründung auf die Philosophie Schopenhauers, Dilteys und Bergsons, tritt aber auch zugleich in kritischer Distanz zu ihnen.[32]

Günter Seubold gibt uns eine konkrete Analyse der Begegnung Martin Heideggers mit der ostasiatischen Kunst. In seinem Beitrag erklärt er zunächst, „was Heidegger unter ‚ostasiatischer' Kunst versteht, wie weit oder eng er diesen Begriff fasst, was konkret er an ostasiatischer Kunst gekannt, was er erfahren hat."[33] Dabei erfahren wir auch mehr über den Philosophen Kuki. Die inhaltliche Begrifflichkeit der Kunst im Verständnis Heideggers wird an den Beispielen des Films, des Nô-Spiels, der Tuschmalerei von Hakuin sowie der Dichtung von Bashô eingehend interpretiert. Es ist interessant, die einzelnen Gedankengänge in der Interpretation zu verfolgen um zu verstehen, warum Heideggers kunstphilosophischer Gang in die japanische Ästhetik letztendlich als ein „Holzweg" zu bezeichnen ist. Die Schwierigkeiten, die sich im verstehenden Nachvollzug ergeben, stimmen mit dem überein, was wir allgemein über die europäische Aneignung der japanischen Hermeneutik und Ästhetik in dieser Einleitung bereits entwickelt haben. Vor diesem Hintergrund ist auch das Wort „Holzweg" zu interpretieren. Es gilt durchaus

---

[32] Weiterführend zum Verständnis der japanischen Lebenswelt siehe auch: Lévi-Strauss: Die andere Seite des Mondes. Schriften über Japan. – Berlin, 2012 und hist.: Kojiki. Aufzeichnung alter Begebenheiten. Hrsg. Klaus Antoni. – Berlin, 2012
[33] Seubold, hier im Band S. 94

nicht allein für Heidegger, der ja zudem stark rezipiert und interpretiert wird, sondern für die europäische Denkweise generell, also im jeweils verschiedenen kulturellen Lebensentwurf. Gleichzeitig besteht hierin zugleich die Möglichkeit der gegenseitigen Bereicherung.

Wir kommen zum abschließenden Beitrag dieses Schelling-Bandes. Er ist von Tetsuya Sakakibara aus Tokyo und behandelt das Verhältnis der Philosophien von Nishida und Heidegger. Hierbei geht es Sakakibara konkret um die *Phänomenologie des Selbst,* so, wie sie Nishida begründet hat. Aus dem „Mit-Welt-Erlebnis" wird ein „Selbst des Seins" abgeleitet, das im „Ich-Du-Verhältnis" den Aspekt des Sein-Könnens formuliert, also das Möglichsein eines sich innerweltlich begegnendem Seienden erfährt und darin transzendiert. Auch hier sehen wir eine Anlehnung an das Positive des Seins in der Philosophie Schellings.

Kitaro Nishida ist der Begründer der Kyoto-Schule.[34] Er entstammt einer alten Samureifamilie. Nach Abschluss der Schule studierte er Philosophie an der Kaiserlichen Universität Tokyo. Während dieser Zeit widmete er sich der Philosophie Schopenhauers, der deutschen Literatur und schloss das Studium mit einer Arbeit über David Hume ab. Nishida wurde Anhänger des Zen-Buddhismus. Das Wort Zen leitet sich vom chinesischen Namen Chan ab, einer Strömung, die durch den Daoismus beeinflusst war. Der Chan-Buddhismus verbreitete sich über viele Jahrhunderte durch Mönche im asiatischen Raum. Er zeichnet sich besonders durch den Zustand der meditativen Versenkung aus. Im 12. Jahrhundert gelangte er nach Japan und erhielt hier den Namen Zen. Zen wiederum ist als Name in der westlichen Kultur bekannt und für uns

---

[34] Zum Verständnis der Kyoto-Schule siehe vor allem Ohashi, Ryosuke: Die Philosophie der Kyoto-Schule. Texte und Einführung. – Freiburg/München, 1990

gebräuchlich geworden. Aufgrund seiner Zen-Beschäftigung konnte Nishida an der kaiserlichen Universität in Kyoto Philosophie lehren. In Kyoto entwickelte er auch die Hauptgedanken seiner Philosophie und wurde zum Begründer der Kyoto-Schule. Er lebte in Kamakura. Nishida ist ein Hauptvertreter der modernen japanischen Philosophie. In seiner Philosophie war er bemüht, das Bewusstsein mit der „reinen Erfahrung", d.h. mit der Religion zu verbinden. Bekannt wurde er durch sein Buch „Über das Gute" 1911 sowie über seinen Ansatz der Logik des Ortes. Sein Buch wurde 1999 ins Deutsche übersetzt.[35]

Sakakibara untersucht das Verhältnis von Ich und Du. Er bezieht sich auf Nishidas Satz: „Ich und Du sind füreinander absolut andere ... Allein indem ich Dich erkenne, bin ich Ich, und indem du Mich anerkennst, bist du Du; in meinem Grunde existierst Du, in deinem Grunde existiere ich." Die Verbindung zu Heideggers Buch Sein und Zeit vollzieht sich durch Anknüpfung der ‚Idee des Mitseins des Daseins mit Anderen, insbesondere die Idee ihres eigentlichen Miteinanderseins.' Durch die Phänomenologie des Selbst erfahren wir die Einheit des Daseins der Individualität als eine in sich gegliederte Struktur sozialer Beziehungen.

Abschließend möchten wir die Gelegenheit nutzen, uns bei allen Mitwirkenden an diesem Band sehr herzlich zu bedanken. Ganz besonders bedanken wir uns bei unseren japanischen Autoren Johichi Kubo und Tetsuya Sakakibara, zugleich aber auch bei all unseren japanischen Freunden der Schelling-Gesellschaft, mit denen wir uns seit vielen Jahren sehr eng verbunden fühlen und die unsere Arbeiten immer mit der größtmöglichen Förderung unterstützen. Ich habe persönlich bei meinen Besuchen in Japan in verschiedenen

---

[35] Nishida, K.: Logik des Ortes: Der Anfang der modernen Philosophie in Japan. Übers. u. hrsg. von Rolf Elberfeld. – Darmstadt, 1999

Städten Gastvorträge an Universitäten halten können und war beeindruckt von dem großen Interesse für unsere Philosophie. Ebenso beeindruckend ist die japanische Gastfreundschaft – und somit bleibt die Faszination für Japan. Wir hoffen und wünschen, dass es möglich sein wird, auch zukünftige Projekte gemeinsam zu realisieren.

Mit den Beiträgen dieses Bandes hoffen wir, das Interesse unserer Leser für die japanische Philosophie erneut wecken zu können. Es ist der Weg unserer philosophischen Annäherung beider Kulturen.

Elke Hahn
Schelling-Forschungsstelle Berlin

Harald Seubert

Logik als Frage nach der Wahrheit in Heideggers Marburger Zeit

In zwei Vorlesungen seiner Marburger Zeit widmet sich Heidegger ausdrücklich der Entfaltung der Logik als Frage nach der Wahrheit; Logik ist gleichermaßen Gegenstand einer phänomenologischen Destruktion, mit dem Ziel der Freilegung eines Ursinns des Urteilsvollzugs, als auch Leitfaden eben dieser Freilegung selbst. Die Potentiale der ‚logischen Untersuchungen' auf dem Marburger Denkweg führen deshalb über die Aufweisung von Wahrheit als ‚Entdeckendsein' in ‚Sein und Zeit' erkennbar hinaus, in die Anzeige eines originären ‚aletheuein', den Heidegger schon am Beginn seines Denkwegs berührt hatte. Nicht zufällig sind es die Logik-Vorlesungen, denen das Denkgefüge der ebenso kurzen wie bedeutsamen Marburger Jahre von Fundamentalontologie – Temporalitätsanalyse und Metontologie abzulesen ist.[1] Gleichfalls ist aber die doppelt, im Blick auf die ‚Grundbegriffe der aristotelischen Philosophie' und auf den platonischen ‚Sophistes' vollzogene phänomenologische, also die originären Problemata sehen lassende Auslegung im Umkreis der antiken Philosophie als eine schichtweise Freilegung des originären, sehen lassenden (delotischen) Logos zu begreifen; ‚logische' Destruktion und die Offenlegung der Genese der antiken Ontologie als einer Ontologie der Anwesenheit (Parousia) durchdringen einander wechselseitig; nicht zuletzt wird in einem präzisen Eindringen in die innere Denkbewegung in Heideggers Frage nach der

---

[1] Vgl. hierzu den Beitrag von F.-W. von Hermann im vorliegenden Band, sowie den thematischen Concours der Marburger Jahre die Abhandlung von E. Mazarella ibid. Im Blick auf genetische Zusammenhänge des hier zu behandelnden Problemfeldes vgl. Pöggeler, O.: Logik und Zeit. – In: ders.,: Heidegger in seiner Zeit. – München, 1999, S. 19 ff.

‚Logik' erkennbar, dass sie eine wesentliche Voraussetzung der originären Synthesis ist, wie sie Heidegger vor allem in den Kant-Deutungen der Marburger Jahre entfaltet.

I.

(1) Die Exposition des Problems der Logik innerhalb von Heideggers phänomenologischer Exposition der Fundamentalontologie während Heideggers Marburger Jahre weist bekanntlich auf frühe Impulse zurück. Die tiefdringende Aneignung der Logik hat unstrittige genealogische Gründe, die in Heideggers Dissertation und seiner Habilitationsschrift über die Kategorien- und Bedeutungslehre des Duns Scotus (1915) ersten Niederschlag finden; ein noch tiefer wirkender Impuls ist, bis tief in die Marburger Jahre hinein, durch Husserls ‚Logische Untersuchungen', aber eben auch durch seine Aneignung von Rickert und Lask und eine gut ein Jahrzehnt währende Bemühung um die aristotelische Urteilslehre in Heideggers erster Freiburger Zeit markiert.[2]

Im Folgenden soll die Ausfaltung der Logik als Frage nach der Wahrheit im Umkreis des Denkwegs der Marburger Vorlesungen befragt werden: dabei werden Wegstrecken sichtbar, denen der Abbruch und Neueinsatz nicht fremd ist, die aber zugleich in kühnen ausgreifenden Erörterungen das Gefüge der Seinsfrage mit großer Konsequenz Schritt für Schritt aufweisen. Es fehlt auch im Zusammenhang der Frage nach der Logik nicht an ‚Übergängen', sie lassen sich aber als schrittweise Freilegung eines Fragezusammenhangs erkennen, wobei der Sachgrund der bedeutenden, leitfadenhaften Stellung der Logik in der Marburger Zeit schrittweise hervortreten soll.

---

[2] Grundlegend dafür bleiben die Einsichten in Heideggers Freilegung des Zusammenhangs von ‚Sein' und ‚Zeit' ausgehend von Husserls ‚Logischen Untersuchungen' bei Strube, C.: Zur Vorgeschichte der hermeneutischen Phänomenologie. – Würzburg, 1993, insb. S. 99 ff. Siehe dazu jetzt auch die eingehenden Studien von Gander, H.-H.: Selbstverständnis und Lebenswelt. Grundzüge einer phänomenologischen Hermeneutik im Ausgang von Husserl und Heidegger. – Frankfurt/M., 2001

In der Vorlesung ‚Prolegomena zur Geschichte des Zeitbegriffs' aus dem Sommersemester 1925 (GA 20) hat Heidegger im Sinne des phänomenologischen Selbstverständnisses Phänomenologie als deskriptive Analyse dessen verstanden, „was an ihm vorfindlich ist als das, was sein Sein ausmacht." Sie ist „Deskription der Intentionalität in ihrem Apriori" (20, S. 106 ff.), wie Heidegger die von Husserl formulierte Maxime der Phänomenologie: ‚zu den Sachen selbst!' ausdeutet. In jenen Verständnissinn gehört wesentlich die Einsicht, dass die im Begriff der Phänomenologie angezeigte *‚Bedeutungseinheit'* von ‚phainomenon' und ‚lógos' der phänomenologischen Forschung ihre Grundrichtung vorzeichnet (ähnliche Bestimmungen sind auch in ‚Sein und Zeit' eingegangen). Phänomenologie ist als Forschung demgemäß: *„die Arbeit des freilegenden Sehenlassens"* (GA 20, S. 118). Dabei weist Heidegger darauf hin, dass der Logos, ist er nur radikal verstanden, also gemäß der vorgezeichneten Forschungsmaxime: von seinen Verdeckungen befreit, selbst einen phänomenologischen Grundzug hat. Als Inbegriff von Phainomenon begreift er in diesem und in verwandten Zusammenhängen „das, was sich selbst zeigt" (111), die aristotelische Bestimmung des ‚logos apophantikos' weist diesen selbst schon als deloun: als ein ‚Offenbarmachen' und in diesem Sinn als genuines, vollzugshaftes Wahr-sein aus. So wenig der apophantische Logos mit dem originären Sinn des Logos gleichzusetzen ist, - gerade die je zwischen beiden bestehende Differenz hat die phänomenologische Frage nach der Aussage aufzuweisen, so sehr kann das ‚legein ta phainómena' mit dem ‚apophainesthai ta phainómena' gleichgesetzt werden: ‚legein' heißt, in diesem Ursinn genommen, „das an ihm selbst Offenbare von ihm her sehen lassen' (ibid., S. 117).

Fasst man die fundamental-logischen Untersuchungen Heideggers in der Marburger Zeit als Entfaltung des sachlichen Fragezusammenhangs, so wird sich erwarten lassen,

dass sie Aufschluss nicht nur über die Genese von ‚Sein und Zeit' geben, auf die transzendental-horizontale Blickbahn, sondern dass sich in ihnen auch das Ungeklärte dieser Bahn und ihre innere Kehre vielleicht anzeigt.[3]
Zugleich trägt die Abarbeitung an der Frage der Logik in Heideggers Marburger Zeit zumindest vordergründig unübersehbar Züge des Vorläufigen an sich, die aus dem Rückblick nur wenige Jahre später offensichtlich hervortreten. In der Freiburger Antrittsvorlesung ‚Was ist Metaphysik?' wird im Blick auf das Verhältnis der logischen Verneinung zu dem ‚Nichten des Nichts' bemerkt, dass im Feld der „Fragen nach dem Nichts und dem Sein" die Macht des Verstandes ‚gebrochen' werde und dass sich „die Idee der ‚Logik selbst" im Wirbel „eines ursprünglicheren Fragens" auflöse (GA 9, S. 117).
Dieser Weg verläuft freilich nicht ohne Abbrüche und Neueinsätze, und er ist gleichwohl als schrittweise Entfaltung eines Fragegefüges zu erkennen.

(2) Heideggers Exposition der Logik als Frage nach der Wahrheit in der Marburger Zeit bezieht, so ist in einem ersten Schritt zu zeigen, wesentliche Grundlinien aus dem zweifachen Rückgang in die platonische und aristotelische Urstiftung antiker Philosophie und abendländischer Ontologie. Dies zeigt sich sinnfällig an der ‚Sophistes'-Vorlesung des Wintersemesters 1924/25 (die den Boden platonischer Seinsforschung im Blick auf Aristoteles gewinnt) und in den ihr vorausgehenden ‚Grundbegriffe(n) der aristotelischen Philosophie' (SS 1924). Im Blick auf Aristoteles hält Heidegger in der ‚Sophistes'-Vorlesung als die Grundstruktur des (apophantischen) Logos fest, etwas *als etwas* sehen zu lassen

---

[3] Vgl. auch Orth, W.E.: Logik, Anschaulichkeit und Transparenz und Seebohm, Th.M.: Kategoriale Anschauung. – In: Logik, Anschaulichkeit und Transparenz. Studien zu Husserl, Heidegger und der französischen Phänomenologiekritik. – Freiburg/München, 1990, S. 7 ff. und 9 ff.

(GA 19, S. 182). Und er verweist auf den Synthesis- und Dihairesis-Charakter allen Ansprechens, ein Zug, der in der ersten Marburger Logik-Vorlesung schrittweise im Einzelnen entfaltet werden wird. Leitend ist dabei zunächst die Freilegung der *Grenze* des Lógos. Diesem ist es nicht genuin eigen, zu enthüllen (aletheuein) oder zu verstellen (pseudesthai). Er ist *„nicht die Stätte, in der das aletheuein zu Hause, bodenständig ist"* (S. 182). Dies wird sinnfällig daran, dass es in der unmittelbar sinnlichen Wahrnehmung, der aisthesis, und ebenso am anderen Extrempunkt, in der rein noetischen theoria „kein legein mehr" gebe, „kein Ansprechen von etwas als etwas" (ibid., S. 183). In jenen beiden, einander entgegengesetzten, doch gleichermaßen elementaren, und damit einfachen, Weisen des Aufdeckens (die Aisthesis und das ‚noein') entfällt daher auch die Möglichkeit der Täuschung, ein Umstand, der für den Gang der ‚Sophistes'-Vorlesung und im Blick auf den platonischen ‚Sophistes' selbst von größter Bedeutung ist. Der Logos kann das ‚aletheuein' lediglich ‚übernehmen', es ist nicht Teil seines genuin eigensten Strukturzusammenhangs. Vielmehr muss er es „von dem jeweiligen noein und dianoein bzw. der jeweiligen aisthesis schöpfen" (S. 196 f.) Die Vollzugsweise des Logos in der platonischen Dialektik indessen, das ‚dialegesthai', bleibt demgemäß immer vorbehaltlich und vorläufig. Sie hat die Tendenz auf ein ‚noein', in dem sie an ihr Ziel und Ende kommen sollte (S. 197). Die Fortdauer des (hin- und hersprechenden) ‚dialegesthai' zeigt an, dass jener der Täuschung enthobene Punkt nicht erreicht ist. Von daher kann Heidegger den „eigentliche(n) Ursprung der Logik" und Dialektik freilegen (S. 205). Sie ist, in der Gestalt, in der sie im platonischen ‚Sophistes' Niederschlag findet, ein eigener Leitfaden der „konkrete(n) Seinsforschung" (S. 205) neben jenem, der das „begegnende Seiende in seiner nächsten und ursprünglichsten Beggegnisart festzuhalten" sucht oder vermag, was in je spezifischer Weise für ‚noein' oder ‚aistesis' zutrifft. Die Frage der Dialektik ist daher die Frage nach dem Seienden, „sofern es Angesprochenes, Besprochenes, legómenon, ist" (S. 205), ein Fragehorizont, den Aristoteles festhält, obgleich er von der platonischen Dialektik in dem Sinne Abstand nimmt, dass er ihre eigene Vorläufigkeit aufweist und sie nicht mehr innerhalb der ersten Philosophie, und ihrer ARCHE-Forschung verortet. Dass der Logos auch bei Aristoteles die Rolle eines Leitfadens behält, ist nach Heidegger auf den genuinen Grundzug im griechischen Seinsverständnis zurückzuführen, nämlich darauf, dass das on, das Sein des Seienden selbst, primär als Anwesenheit interpretiert ist und der lógos die Art ist, in der ich mir etwas, nämlich das, worüber ich spreche, primär vergegenwärtige" (ibid., S. 225).[4]

Geradezu als Methodenregel des ‚Sophistes' begreift es Heidegger (218c 4ff.), dass „eher die Sache selbst zu finden und in ihr übereinzustimmen (ist) auf dem Weg des Besprechens, als lediglich übereinzustimmen im Wort (Logos)." Dass der Logos nicht der genuine Ort des Wahrheitsgeschehens ist, verweist auf einen Grundzug, dem die Behandlung der Logik in den anderen einschlägigen Marburger Vorlesungen folgen wird: nämlich dass hinter die griechische Auffassung des Logos auf seinen Vollzugs*sinn* zurückzugehen ist; was aber gerade einschließt, dass auch über die ‚Behandlungsart', nämlich den Logos wesentliches zu erfahren ist, wenn der Weise des Besprechens der Sache nachgegangen wird, ein Zusammenhang, dessen Freilegung man mit gutem Grund als Leitfaden von Heideggers Sophistes-Auslegung auffassen kann. Dies hat offensichtlich unmittelbare und weitreichende Konsequenzen in der Analytik der Temporalität: Denn derart ist auch das zeitigende Ge-wärtigen aus dem Parousia- also Gegenwartscharakter der

---

[4] Vgl. dazu meinen im Erscheinen begriffenen Aufsatz: Logos und Aletheia: Heidegger und die Platonische ‚Seinsforschung' im ‚Sophistes'. (Vortrag Wuppertal am 2.06.2004)

Logik freizulegen.[5] Der Logos wird dabei nicht nur als Grund in der Definition des Sophisten erkannt, sondern als Mitte in dem Sophistes-Dialog und darüber hinaus in dem platonisch sokratischen Philosophieren, das Heidegger im Licht von ‚Gorgias' und des ‚eu-legein' im zweiten Teil des ‚Phaidros' begreift. Dass etwa Sokrates in seinem Philosophieren zu größtmöglicher Sinnklarheit über den Logos zu gelangen sucht, bedeutet zugleich, dass er ‚sich selbst dabei aufdeckt', dass sich also im Sinn der hermeneutischen Interpretation am Logos indirekt die Weise eines Daseins zu existieren aufschließt. Von hier her ist es bemerkenswert, dass Heidegger die ‚dialektische Fundamentalbetrachtung' im ‚Sophistes', die in der Fassung des ‚mé on' (als denk- und aussagbares) ‚heteron' den Möglichkeitsgrund der Dialektik zu erkennen gibt, ihrerseits in einer Analyse des Logos gründen lässt. Die Dialektik so wie sie im platonischen ‚Sophistes' entwickelt wird, zeigt, dass zwischen dem Einen und dem Anderen, ‚on' und ‚heteron', eine Verflechtung möglich ist (S. 577). Eben dies wird auf dem Weg der Auffindung des Sophisten gezeigt. Zugleich gibt die platonische Wendung ‚logos hemin gégonen' (Soph. 259e6) zu verstehen, dass der Logos „mit unserem Sein selbst schon da ist" (S. 577). Dies ist aber nur dadurch möglich, dass das Seiende selbst sich in Artikuliertheit und in Verflechtungen zu erkennen gibt. Indem die Andersheit als Seinscharakter selbst angesprochen werden kann, ist das Sein gleichsam im ‚me on' gelichtet. Heidegger zieht dabei ein, auch bereits in Rücksicht auf die frühen Vorlesungen der Freiburger Zeit und die Rolle der Kinesis innerhalb ihrer,

---

[5] Die Bestimmung des Temporalitätsmomentes prägt die bisherige Forschung zu Heideggers ‚Logik'. Vgl. die sowohl im Blick auf Husserl als auch auf die analytische Philosophie sehr problembewusste Arbeit von D.O. Dahlstrom: Das logische Vorurteil. Untersuchungen zur Wahrheitstheorie des frühen Heidegger. – Wien, 1994, S. 165 ff. Siehe auch die sehr besonnenen Darlegungen von V. Vukicevic: Logik und Zeit in der phänomenologischen Philosophie Martin Heideggers (1925-1928). – Hildesheim u.a., 1988.

außerordentlich bedeutsames Resümée: nämlich dass es unter den fünf großen Gattungen im ‚Sophistes' die ‚Kinesis' ist, die den Leitfaden für die dialektische Fundamentalbetrachtung abgibt. Kinesis ist nichts anderes als der Lebensvollzug der Psyche. „Kinesis ist hier nichts Beliebiges, sondern der apriorische Titel für psyché, logos, und zwar im Sinne des, wenn auch ungeklärten, metaxý ..." Kinesis bezeichnet daher den Vollzug des Daseins als seine mögliche Entdeckbarkeit durch sich selbst. Das legein aber ist, so zieht Heidegger die Folgerung, „nichts anderes als das Gegenwärtig-machen der Sichtbarkeit des Seienden selbst" (S. 579). (Dieser Begriff der Kinesis wird im Ausgang von Heideggers früher Konzeption der Ontologie als ‚Hermeneutik der Faktizität' entfaltet und er führt zugleich in der Sache auf die Bewegungsanalysen der aristotelischen ‚Physik', die Heidegger mit tiefen Gründen wiederholt als ‚Grundbuch der Metaphysik' begriffen hat).

Damit verbindet sich auch, dass die fundamentalontologische Frage nach dem Dasein, und mit ihr zugleich die Welt der griechischen Polis, in der Möglichkeit des ‚logos' gründet, die ihrerseits voraussetzt, dass sich das Sein ‚gelichtet' hat, so dass im Logos das ‚mé on' zur Erscheinung kommt. Menschliches Dasein kann es überhaupt nur vor der Voraussetzung des ‚logos' geben.

Die Sophistes-Vorlesung mündet in eine auf drei Stationen bezogene Analyse der Logos-Struktur. Diese legt eine zumindest dreifache, im Logos grundgelegte ‚koinonia' frei:
1. den onomatischen Zusammenhang zwischen ‚onoma' und ‚rhema',
2. eine intentionale Koinonie, die darauf beruht, dass jeder logos ‚logos tinos' ist. Jene (wie Heidegger betont: von Husserl wiederaufgedeckte) Intentionalitätsstruktur verweist darauf, dass Logos qua Rede seinem Innern nach ‚Aufdecken von etwas' ist (S. 598). Das ‚Wovon' der Rede im Ganzen spezifiziert sich in ein Sagen ‚von Etwas als Etwas'. Der ‚Als-

Charakter' verweist darauf, dass immer nur „ein Vorgegebenes eigentlich in die Präsenz gebracht" werden kann (S. 601).
3. Zum dritten gibt der Logos eine delotische Struktur frei: das Wie seines Zeigens, das enthüllend und verhüllend sein kann.

(3) In seiner ein Semester zuvor gehaltenen Vorlesung ‚Grundbegriffe der aristotelischen Philosophie' hat Heidegger dem Logos einen nicht weniger zentralen Ort zugewiesen. Der Logos ist dem ‚Sein-in-der-Welt' verhaftet (18, S.265), er ist nicht mit dem Vollzug des ‚aletheuein' einfach gleichzusetzen, wohl aber ‚verfügt' der Logos „über die jeweilige Entdecktheit und Aufgeschlossenheit der Welt", er ‚bewahrt' sie gleichsam in sich (S. 269). Die in der Sophistes-Vorlesung vorausgesetzte Differenz zwischen Logos und ‚aletheuein' wird damit weitergehend bestimmt. Heidegger verweist darauf, dass der Logos ‚Träger' der Ausgelegtheit eines Daseins ist (276). Zugleich ist er der Ort, an dem überhaupt erst das Phänomen der Täuschung eintreten kann. Vorausgesetzt ist hier die Freilegung der Parousia des Nicht-Seins (mé on) im Logos, die in der Logos-Analyse der ‚Sophistes-Vorlesung vorgezeichnet wurde. Ohne dass hier auf ihre reichhaltigen Interpretationen selbst verwiesen werden könnte,[6] die sich zwischen ‚Physik',

---

[6] Dies ist freilich für Heideggers Aristoteles-Deutung von entscheidender Bedeutung. Das Marburger Kolleg erweitert daher die ontologisch phänomenologische Gewinnung von Grundbegriffen der Kinesis und des Ethos, als Aufenthalt bei der Welt, in Heideggers frühen Freiburger Aristoteles-Kollegs, vergl. insbes. GA 61 und GA 62 sowie die als Natorp-Ausarbeitung zu großer Berühmtheit gelangte Abhandlung: Phänomenologische Interpretationen zu Aristoteles (Anzeige der hermeneutischen Situation, in: Dilthey-Jb. f. Phil. u. Geschichte d. Geisteswiss. 6(1989), S. 236 ff. Im Licht der Logos-Analysen des Sophistes erschließt sich ein bedeutsamer Zusammenhang zwischen Platon und Aristoteles, der in Heideggers späteren Platon-Studien, ausgehend von ‚Platons Lehre von der Wahrheit' (GA Bd. 9, S. 203 ff.) nicht mehr in dieser Insistenz sichtbar bleibt, weshalb Heideggers spätere Platon-Deutungen eine philosophisch sachhaltige Kritik finden konnten. Vgl. dazu, pars pro toto, Beierwaltes, W.: EPEKEINA. Eine

‚Metaphysik' und ‚Eth. Nic.' bewegen und dabei eine phänomenale Mitte in den Befindlichkeitsanalysen der ‚Rhetorik' finden, ist festzuhalten, dass die Aristoteles-Vorlesung geradezu kontrapunktisch zu dem Sophistes-Kolleg verfährt: Sie entwirft am Leitfaden seines Logos als des Miteinandersprechens und Sichaussprechens die Konturen des Daseins als ‚psyches energeia'. Demgegenüber hatte Heidegger im ‚Sophistes' vom Logos her den Ort der Kinesis aufgewiesen. In dem doppelten Richtungssinn kann man eine Bestimmung des Ortes der ‚Logik' vorgezeichnet finden, wie sie in den einschlägigen Marburger Vorlesungen entfaltet werden wird.

II.

(1) Das Logik-Kolleg des Wintersemesters 1925/26 begreift Logik in einem radikalen Sinn als Frage nach der Wahrheit, näher: dem Wahr-sein. Heidegger bezieht sich in den ‚Prolegomena' der Vorlesung eingehend auf Husserls Kritik am Psychologismus, die darauf abzielt, in der ideeierenden Abstraktion Wahrheit selbst zum Gegenstand zu machen und nicht ‚psychische Urteilsvollzüge (vgl. GA 21, S. 61, mit Bezug auf Log. Untersuchungen I, S. 229 f.). Heidegger notiert aber als den zentralen Punkt von Husserls ‚Versehen' dies, den Urteilsgehalt als ein ‚Allgemeines' zu den einzelnen Urteilsakten aufgefasst zu haben, wodurch die phänomenhafte Wurzel des Wahr-seins verfehlt werden müsse. Im Gegenzug

---

Anmerkung zu Heideggers Platon-Rezeption. – In: Honnefelder, L. / Schüßler, W. (Hrsg.): Transzendenz. Zu einem Grundwort der klassischen Metaphysik. – Paderborn u.a., 1992, S. 39 ff. Nicht zuletzt erschließt sich von der Aristoteles-Auslegung her Heideggers tiefdringende, erst spät von der Forschung eingeholte, Einsicht in den Charakter der aristotelischen ‚Physik' als eines ‚Grundbuchs der Metaphysik'. Von eigenem Gewicht ist die jüngst durch eine Edition bekanntgewordene Aristoteles-Vorlesung von Josef König, weil sie sich, wohl eher implizit, in wesentlichen Zügen mit Heidegger berührt: König, J.: Einführung in das Studium des Aristoteles an Hand einer Interpretation seiner Schrift über die Rhetorik. Hrsg. von N. Braun. – Freiburg/München, 2002.

dazu bringt Heidegger im Vorfeld des Kollegs Satzwahrheit und Anschauungs (nous-)Wahrheit gegeneinander zur Abhebung. Allerdings soll von vorneherein gefragt werden, wie die Anschauungswahrheit zur Wahrheit des Satzes wird. Die Unterscheidung bildet also nicht den entscheidenden sachlichen Differenzpunkt. Vielmehr wird die Fragesequenz auf das Problem zugespitzt: „Kurz: Warum ist Wahrheit Selbigkeit – warum ist das Sein des Wahren das zeitlose Gelten?" (GA 21, S. 124). Dieser eigentlich in Frage stehende Sachverhalt ließe sich auch als Frage nach der Theoriehaftigkeit der Wahrheit fassen.

Im Rückgang auf Aristoteles kann Heidegger in dem Kolleg die Grundstruktur des Logos freilegen, die für die gesamte Bahnung des Gedankenganges leitend bleibt: Wahrheit im Logos ist ein Verhältnis, aber nicht „zwischen zwei Seienden, die vorhanden sind" (S.164), sondern – ohne jede Analogie mit einer Relation zwischen seienden Entitäten – des Daseins zu der Welt, die mit ihm aufgeschlossen und entdeckt ist. Die Synthesiskraft des Logos ist daher selbst in einem zweifachen Horizont zu verstehen, „aus dem Seienden selbst und dessen Sein, bezüglich dessen der lógos ist, was er ist" und aus dem welthaften Verhalten des Daseins selbst. Wahrheit ist aufgrund des Wesenszuges der Synthesis ‚Entdecken', gleichermaßen als ‚Charakter' des Seienden und der Verhaltens- und Vollzugsweise des Daseins (ibid., S. 169). Der Logos wird dabei im ersten Hauptteil der Vorlesung, mit Aristoteles als apophantische aufweisende Aussagewahrheit, erörtert. Es geht also um jene bestimmte Art von Rede, der es eigen ist, ‚wahr' und ‚falsch' sein zu können (S. 129). In Übereinstimmung mit dem ‚Sophistes'-Kolleg wird bekräftigt, dass, wenn doch zum Satz essentiell das Entweder-Oder von Wahr- und Falschsein gehört, er „gerade nach Aristoteles ganz und gar nicht das (ist), was sein muss, damit Wahrheit sein könne, was sie ist" (ibid.). Der Ort des ursprünglichen ‚aletheuein' wäre mithin an dieser Stelle bereits verlassen.

Der Logos vollzieht sich, gemäß platonischer und aristotelischer Bestimmung, im Einzelnen in der Doppelstruktur von Synthesis und Dihairesis. Dabei scheint sich zunächst ein Zusammenhang zwischen Bejahung (Zusprechen) mit der synthetischen (verbindenden) und Verneinung (Absprechen) mit der dihairetischen (trennenden) Logos-Verfassung nahezulegen (GA 21, S. 139). Bei näherem Hinsehen erweist sich dieser Eindruck aber als trügerisch. Vielmehr ist, vor der Voraussetzung, dass zur Rede essentiell das Offenbarmachen, deloun, gehört (und dass mithin Bejahung und Verneinung Weisen des originären Aufdeckens – deloun' – sind), nach demjenigen Logos-Phänomen zu fragen, „das an ihm selbst Verbinden und Trennen ist und vor sprachlichen Ausdrucksbeziehungen und deren Zusprechen und Absprechen liegt" (S. 141); ein Phänomen, das es erst ermöglichen kann, dass ein Logos wahr oder falsch, entdeckend oder verdeckend sein kann.

Dieses Phänomen führt in den Bereich vor aller apóphansis zurück.

Heidegger legt mithin auf diesem Weg die dem Phänomen des wahr und falsch sein könnenden apophantischen Logos vorprädikativ vorgängige ‚als-Struktur' frei. Sie ist in der elementarsten Dimension des Umgangs leitend und so ‚ursprünglich', eigentlich: ‚unvordenklich', dass ein ‚als-freies Erfassen nur künstlich und im Zuge einer Reduktion zur Abhebung gebracht und heraus präpariert werden könnte. Mithin kann sie auch als phänomenologischer Grund des Logos aufgefasst werden. Heidegger unterscheidet dabei das ‚hermeneutische Als' als die primäre Verstehensstruktur von dem ‚apophantischen Als'. Das ‚hermeneutische Als' ist der Grundbezug, der der Einheit der Aussage von Synthesis und Dihairesis vorausgeht (149). Es ist „ein je schon im Woher des Bedeutens und Verstehens sich aufhaltendes Zurückkommen auf ein Begegnendes" (S. 148). Im ‚aphphantischen Als', das im Akt des Bestimmens verortet ist, wird der als-Charakter nicht aus dem verrichtenden, umgehenden Bezug, sondern an ihm selbst als Angesprochenes ‚entdeckt'. Indem das ‚Wozu' des Umgangs aber in einem ‚Worüber' der Rede explizit gemacht wird, tritt zugleich die umgangshafte Dimension bis zum Verschwinden zurück. Erst aufgrund dieser thematischen Hebung kann indes die Unterscheidung von Wahr und Falsch getroffen werden.[7]

Auf den Übergang zwischen dem ersten und zweiten Teil der ersten Marburger Logik-Vorlesung rückt vor diesem Hintergrund der Aufweis der Möglichkeiten des Falschseins einer Aussage in einem nächsten Schritt in den Mittelpunkt, wobei zunächst deutlich wird, wie sie im ‚apophantischen Als' gründet.

Dabei ergibt sich eine Fragerichtung, die sich in sachlicher Nähe zum platonischen ‚Sophistes' bewegt. Heidegger hat an früher Stelle in der Vorlesung an die platonische Frage in eben jenem Dialog erinnert, wodurch denn „die Mannigfaltigkeit von Wörtern, die aufeinanderfolgen, eine ‚koinonia" bilden könne (142). Es wird deutlich, dass die hermeneutische und zugleich ontologische ‚als-Struktur vorprädikativ dieses (durch Synthesis gewonnenen) ‚Beisammensein' und damit immer auch die Verbindung des Logos mit dem ‚mé on' ermöglicht. Heidegger kennzeichnet dabei drei Möglichkeitsbedingungen des ‚falschen' Logos, wobei es gerade auf ihren inneren Zusammenhang ankommt.

1. Es muss eine ‚unterscheidende', ‚erkennende' Tendenz auf ‚Entdeckung' hin vorausliegen, wenn etwas als etwas entdeckt werden soll, das es nicht ist.

2. Die zweite Bedingung besteht darin, dass dieses ‚Worüber' des Logos das Seiende ‚von anderem her' sehen lässt, „denn nur auf Grund dieser Struktur besteht die Möglichkeit des Ausgebens von etwas als etwas" (187). An späterer Stelle spricht Heidegger auch, in weiterer Ausziehung einer im

---

[7] Vgl. dazu die Überlegungen in ‚Sein und Zeit', § 7 und §§ 31 ff.

‚Sophistes'-Kolleg angelegten Linie, von einer ‚delotischen Synthesis' (S. 208)

3. Es ist das der Aussage und sogar der thematisch werdenden Entdeckung vorgängige Beisammen (koinon) von etwas mit etwas anderem, das in diesem Sehenlassen vorausgesetzt werden muss. Dies begreift Heidegger als ontische Synthesis (ibid.).

Im Zentrum wird damit die Frage aus der aristotelischen Metaphysik T (10) erkennbar: die Frage, was Sein besagen muss, damit Wahrheit als ein Seinscharakter begriffen werden kann. Die Spezifizierung der als-Struktur des Logos auf die Möglichkeitsbedingungen des Falsch-sein-Könnens verweist aber auf eine *Voraussetzung* der von Aristoteles begründeten apophantischen Wahrheit, die auf dem Boden der antiken Ontologie, wie Heidegger zeigt, selbst nicht zum Austrag kam, wiewohl die Frage des platonischen Sophistes' nach dem Sein des ‚Nicht-Seins' und vor allem die Grunderfahrung der Kineses, der Bewegtheit der Physis, in diesen Richtungssinn zurückverwies. Die Frage nach der Wahrheit bedarf daher der Radikalisierung vor einem Fragezusammenhang, den Heidegger als *Chrono-logie* exponiert. Die phänomenologische Chrono-logie soll Teil phänomenologischer Fundamentalbetrachtung sein. Sie legt offen, dass das aristotelische und darüber hinaus das antike Verständnis von Sein als ‚Anwesenheit' und Wahrheit als ‚Gegenwart' (par-ousia) (GA 21, 193, 203) gefasst ist, was aber auf Zeitcharakteren beruht. Dabei ergibt sich, auf das Ganze der Vorlesung hin, eine ‚Wiederholungsstruktur'. Die Analyse der Bedingungen der Möglichkeit logisch apophantischer Wahrheit in der Synthesis ist nun in einem zweiten Schritt eigens auf ihre Temporalität hin durchsichtig zu machen. Die Temporalität gibt der Schlusslogik gleichsam ihren Horizont vor, in dem die Möglichkeit des Logos, wahr und falsch sein zu können, immer schon anzutreffen ist. „Mit anderen Worten, diese Phänomene müssen auf den Seinszusammenhang zurückgebracht werden, in dem sie sind, was sie sind" (209), was bedeutet, dass die Grundzüge des Logos *chrono-logisch* als dem Dasein eignende zeitliche ‚Seinsphänomene' zu begreifen sind.

Der Gang der Erörterung führt bekanntlich auf eine Vorzeichnung des Phänomens der ‚Sorge' als Seinsweise des Daseins, jener Grundart von Seiendem, in der es dem Seienden um sein Sein selbst geht.[8] Er verweist zugleich auf die in Sorge beschlossene phänomenale Mannigfaltigkeit und Mehrfältigkeit, in Seinsstrukturen und Möglichkeiten, als die Heidegger das ‚In-der-Welt-sein', das ‚Sein mit Anderen' und das ‚Sein um sich selbst' (229) zur Abhebung bringt. Zudem sind eigentliche und uneigentliche Weise zu sein in ein und derselben Sorgestruktur verankert. Entscheidend ist es freilich, dass eine Analyse des Seins des Daseins als Sorge „bei der bloßen Kenntlichmachung dieser mehrfältigen Strukturen natürlich nicht stehen bleiben" darf (227); die verschiedenen Grundmöglichkeiten modifizieren sich erst aus einem ihnen *vorgängigen Einheitssinn,* den Heidegger aus dem kantischen Grundsatz „Das: Ich denke muss alle meine Vorstellungen begleiten können", schöpft (KrV B 131). Die synthetische Einheit der Apperzeption indiziert das Problem einer Einheit in der Mannigfaltigkeit des Daseins, die nicht nur die Modi der Sorge, sondern auch Eigentlichkeit und Uneigentlichkeit des Daseins zusammenhält. Die Überlegungen bewegen sich in engstem Konnex zwischen der kantischen Einheit der Apperzeption und der Einheit im Seinssinn der Sorge.

---

[8] Der Grundsinn des Daseins als Sorge wird eingehend, in Auseinandersetzung gleichermaßen mit Husserl und Descartes, und im Ausgang von der Synthesis- und Dihairesis-Struktur der aristotelischen Logos-Bestimmung bereits in der ersten Marburger Vorlesung: Einführung in die phänomenologische Forschung (GA, Bd. 17) freigelegt. Zu dem Verhältnis dieser Kritiken mit Heideggers erneutem kritischen Gegenblick auf Historismus und Naturalismus der zeitgenössischen Wissenschaft vgl. den Beitrag von C. Strube im vorliegenden Sammelband S. 34 FN.

Heidegger zeichnet die Einheit des Besorgens vor aller Streuung in Bezug auf den Richtungssinn der Sorge aus, dem gemäß es dem Dasein in seinem Sein um dieses Sein selbst geht. Dieser Seinssinn der Sorge gibt zu verstehen, dass das Dasein sein eigenes Seinkönnen stets und beständig ‚ist', in einer temporalen ‚Inständigkeit', wie es in der ‚Sophistes'-Auslegung hieß, aus der die ontologische Auffassung der Wahrheit als Ousia (Parousia) überhaupt erst gewonnen werden konnte. Im Richtungssinn des ‚es geht um' ist das Dasein sich aber je schon selbst vorweg-bei-seiner-Welt: eine Verhaltung, die auch die Möglichkeit des Logos, wahr oder falsch sein zu können, ihrerseits grundlegt. Die Seinsverfassung der besorgenden Sorge ist mithin nicht von ihrer Zeitstruktur zu trennen.

Spätestens an dieser Stelle muss man sich über den von Heidegger gewählten Weg phänomenaler Analyse eigens Rechenschaft ablegen. Es tun sich, so hat sich Heidegger an dem Punkt, an dem er das Temporalitäts-Phänomen ins Spiel bringt, Rechenschaft gegeben, zwei mögliche Wege auf, um, was Aufgabe der Logik-Vorlesung ist, den Weg zu einem „eigentlich philosophischen Verständnis des Satzes, d.h. des traditionellen Themas der traditionellen Logik", zu bahnen (S. 206). Der erste müsste die Idee der philosophischen Chronologie, auf die die Untersuchung nur erst ‚dogmatisch' gestoßen sei, am Leitfaden der Frage, „Warum und wie Sein aus Gegenwart verstanden werden muss" (S. 206), entfalten. Diese Wegrichtung wird aufgrund ihrer Umwegigkeit nicht eingeschlagen, da sie, wie Heidegger voraussieht, auf den Phänomenenzusammenhang von Satz, Aussage und Wahrheit nicht mehr zurückzuführen sein würde.

Der von Heidegger eingeschlagene Weg besteht stattdessen, wie schon skizzenhaft angezeigt worden ist, in einer *Wiederholung* des Themas vor dem Leitfaden der Zeit. Heidegger hält unmissverständlich als das dabei zentral in Rede stehende Problem fest, dass dabei nur temporale Charaktere, nicht aber die gesuchte Temporalität selbst in den Blick kommen kann. „Der Leitfaden ist zwar ein bestimmter, aber doch dunkler, ein mattes und flackerndes Licht, mit dem wir dem Gang der Untersuchung voranleuchten" (S. 206). Gleichwohl sei der ‚Mangel' auf diesem Wege leichter zu beheben: in ihren temporalen Strukturen deute sich die Zeitlichkeit der Zeit selbst indessen indirekt an. Dieser Hinweis wird an dem Punkt besonders akut, an dem die Temporalität der Sorge ans Licht gebracht werden soll. Denn spätestens an dieser Stelle *muss* der Spielraum zwischen den Temporalitätsstrukturen und dem Wesen der Zeit selbst in den Blick kommen. Warum? Der temporale Richtungssinn der Sorge, ihr ‚Sich-vorweg-sein', ‚fällt' offensichtlich nicht in die Zeit, da die Sorge als Sein des Daseins nicht Seiendes ist, das überhaupt nur ‚in' die Zeit fallen kann. Wenn das Dasein zeitlich existiert, muss ihm eine eigene, andersartige ‚Zeitbestimmung' zukommen, die an dieser Stelle freizulegen bleibt. Die Orientierung an Jetzt-Zeit und Gegenwärtigen im Sinne der ‚ousia' wird dabei preiszugeben sein.

Heidegger verweist darauf, dass die beiden Zeitbestimmungen, jene, die dem Seienden und jene, die dem in-der-Welt seienden Dasein zukommt, originär durch die ontologische Differenz voneinander getrennt sind. Denn das ‚Schon' und ‚Vor' der Sorge sind „nicht Bestimmtheiten eines Seienden, sondern eines „Seins" (243). Heidegger wählt, vor der leitenden Untersuchung der Temporalität der Sorge den Weg über die philosophischen Interpretationen des Zeitbegriffs zwischen Aristoteles, Kant und Hegel. Er hält dabei fest, dass der aristotelische Begriff der Zeit vom Jetzt (nyn) her auf den Zusammenhang von Zeit Welt verweist: Es ist die als Jetzt-Zeit verstandene Zeit, in der Vorhandenes begegnet, Inbegriff des ‚vulgären Zeitbegriffs'. Die Auseinandersetzung mit Hegels Deutung der Zeit in der Enzyklopädie' und – in der Vorlesung – in einem Nachtrag, der für die Text- und Problemgestaltung in ‚Sein und Zeit' von zentraler Bedeutung sein sollte: der Jenenser Logik, und der Verweis auf die aristotelischen Einflüsse innerhalb ihrer kann vor unserem Fragehorizont nicht im Einzelnen verfolgt werden. Er ist als Seitenstück des Welt-Geschichts-Abschnittes von größter Bedeutung, als eine Keimzelle des Kant-Buches muss die daran anschließende Explikation der tragenden Bedeutung der Zeit in der kantischen Kritik verstanden werden. Im genealogischen Zusammenhang ist es alle Aufmerksamkeit wert, dass die Logik-Vorlesung des Wintersemesters 1925/26 Keimzellen zu beiden Werken in sich verbindet, womit ein Vorgriff auf den Problemzusammenhang, der zwischen ihnen besteht, nahegelegt ist.[9]

Unter dem Problemtitel ‚Grenze der kantischen Interpretation' führt Heidegger diese Auslegung auf ihren sachlichen Fußpunkt. An der bezeichneten Grenze des kantischen Lehrstücks von der Zeit als ursprünglicher Selbstaffektion tritt die existenziale Zeitbestimmung in den Blickkreis so, dass „das Gegenwärtigen ... allererst Bedingung der Möglichkeit dafür (ist), dass so etwas wie ‚Jetzt' als jetzt das, jetzt dieses ausdrücklich werden kann" (S. 401).

Nur auf eine Grundbestimmung ist hier zu verweisen: Die Jetztfolge, das ‚Freie Gegenwärtigen' im ‚Ich verbinde' der kantischen Synthesis affiziert, indem sie selbst unthematisch bleibt und „gleichsam ständig zurücktretend und verschwindend in ihren ständigen Weisungen etwas sehen lässt" (S. 400). An diesem Punkt kommt der in der gesamten abendländischen Ontologie ausgezeichnete Charakter der Gegenwart aus dem strukturalen Vollzugssinn des Gegenwärtigens in den Blick. Gegenwart ist, so hält Heidegger fest, der primäre Strukturbegriff des Daseins; eine Einsicht, die Kant treffend erfasst und die sich in dem Verhältnis zwischen „Ich denke als Spontaneität der Apperzeption" und Zeit als

---

[9] Vgl. dazu mit zahlreichen Belegen auch Brasser, M.: Wahrheit und Verborgenheit. Interpretationen zu Heideggers Wahrheitsverständnis von ‚Sein und Zeit' bis ‚Vom Wesen der Wahrheit'. – Würzburg, 1997.

„ursprünglich reiner Selbstaffektion" (404) aufschließe. Kant hält Heidegger zufolge phänomenal vollständig zutreffend sowohl die Nichtobjektivität und Ungegenständlichkeit des ‚Ich denke' als auch der Zeit fest. Er macht dies aber nicht ‚positiv' verständlich, was heißen würde, dass die Einheit des ‚Ich denke' „als das Wofür des Begegnenlassens" als die Zeit selbst „qua reines Gegenwärtigen" (S. 406) erkannt würde. Zentral ist dabei aber die Einsicht, dass Gegen-wärtigen, darin der Phänomenenstruktur der Sorge gleich, Synthesis ist. Damit ist unmittelbar vor dem Ende des Erörterungsganges der Vorlesung der Schlüssel für die phänomenale Erfassung der Logik als Frage nach der Wahrheit freigelegt, soweit er in dem Kolleg thematisch werden kann. „Das reine, freie Gegenwärtigen ...", das die Grundeigenschaft des Logos, zu verbinden und zu trennen, orientiert, erweist sich als „der eigenständige, aber abkünftige Modus eines ursprünglichen Gegenwärtigens des faktischen Daseins selbst" (S. 407) Der Grundcharakter der Logik, der Anschauungs- und Satzwahrheit gleichermaßen ermöglicht und ihnen zugrunde liegt, zeichnet sich ab, wenn Zeit in diesem Sinn ‚als Existenzial' begriffen ist. Allen Urteilen und Aussagen ist ein Doppelcharakter eigen: sie sind einerseits Aussagen über weltlich Vorhandenes; die ‚Als'-Struktur, als hermeneutische Indikation genommen, indiziert aber andererseits die allem kategorialen Setzen vorausliegende Daseinsstruktur des Gegenwärtigens. Die Verborgenheit der Zeit auf dem gewählten phänomenologischen Untersuchungsweg erschließt, vom Ende her betrachtet, ihre wesensmäßige Verfassung: Das sich Zeit zumeist und wesentlich verbirgt, ist die Voraussetzung dafür, dass sie sich, unthematisch bleibend, als Grund der sich-gebenden Phänomenalität erweisen kann. Die Verborgenheit der Zeit wird nicht explizit mit dem verborgenen Ursinn der Wahrheit als aletheia zusammengedacht. In der Sache ist dieser Zusammenhang aber nur naheliegend.

Der Logos als apophainesthai beruht auf einem Gegenwärtigen, dem phänomenologischen Anwesendseinlassen des jeweiligen Seins des Seienden (S. 414). Dies zeigt sich im ‚ist'-Sagen, das jedem Urteil, ob ausgesprochen oder nicht, inhäriert. Das ‚Ist' hat, wie Heidegger nachgerade apodiktisch festhält „nicht die Funktion der Copula, sondern zeigt den phänomenalen, auf den Daseinssinn bezogenen Grund jeder Aussage an, dass sie gegenwärtigt und damit ‚sehen' lässt. Die Logik ist daher in ihrem Grund dies Sehenlassen und reine Anschauen, was im griechischen Begriff des Erkennens als ‚reines theorein' (S. 415) einen äußersten Ausdruck findet. Über diesen Horizont greift die Vorlesung bewusst nicht in ‚radikalere zeitliche Möglichkeiten' hinaus: In weiterem Sinn lässt sich mit ihr vielmehr das Resümée ziehen, dass alle überlieferte Philosophie im Grunde ‚Logik' ist, insofern sie der Auffassung des Logos als eines ‚Gegenwärtigens' folgt. An jenen radikaleren Möglichkeiten, die über Wahrheit als in Satzgestalt gefügte Anschauungswahrheit, als Theoria, hinausführten, wäre mithin der ‚traditionelle(n) Logik und Ontologie eine wesentliche Grenze gesetzt, womit aber im Konnex der ersten Marburger ‚Logik'-Vorlesung lediglich eine Andeutung gegeben ist, ohne dass die Grenzlinie überschritten würde.

(2) In der Vorlesung ‚Die Grundprobleme der Phänomenologie' aus dem Sommersemester 1927 kommt der Logik eine enger umgrenzte Rolle zu. Ihr ist die letzte der vier Thesen über das Sein zugewiesen, deren „phänomenologisch-kritischer Diskussion" der erste Teil des Kollegtextes gilt. Sie schließt sich mithin an die kantische These, „Sein ist kein reales Prädikat", die von Aristoteles begründete, in der mittelalterlichen Ontologie bestimmende These der zwiefachen Seinsverfassung des Seienden als Was-Sein (essentia) und Dass-Sein (existentia) und die res extensa – res cogitans – Unterscheidung als These der neuzeitlichen Ontologie seit Descartes an. Dieser Tektonik gemäß können wesentliche

Fragezusammenhänge offensichtlich nicht am Leitfaden der Logik behandelt werden, die ihr in der ersten Logik-Vorlesung selbstverständlich zugeordnet waren: So wird etwa die Frage der gestreuten Mannigfaltigkeit von Seinsweisen und der Einheit der Idee von Sein im Licht der Problematik neuzeitlicher Ontologie freigelegt. Der ‚These der Logik' kommt gleichwohl eine herausragende Bedeutung zu. Denn sie gibt den Vorgriff auf den Wahrheitscharakter des Seins, die ‚veritas transcendentalis' (GA 24, S. 25); und dabei wird zugleich deutlich, dass der veritative Charakter des Seins zuinnerst mit der Seinsweise des Daseins verflochten ist: Das Dasein existiert ‚in der Wahrheit', da ihm die ‚Seinsweise der Aufgeschlossenheit' eignet.

In ihrem elementaren Grundriss behauptet die ‚These der Logik', dass sich in der Copula ‚ist' alles Seiende, ohne Rücksicht auf seine Seinsweise gleichermaßen ansprechen lässt. Eine phänomenologische Befragung der Logik hat den „Zusammenhang des ‚ist' als Copula' mit den in radikaler Weise aufzuwerfenden ontologischen Grundproblemen aufzuhellen. Zu diesem Ende nimmt Heidegger einen charakteristischen Durchgang durch die Bestimmungen der Copula von Aristoteles über Hobbes (Bestimmung der Copula als Aussage der ‚essentia') John Stuart Mill (als Aussage der ‚essentia' und ‚existentia') bis hin zu Lotzes Lehre vom Doppelurteil, das in seinem ‚Hauptgedanken' die Verbindung von Subjekt und Prädikat ausdrückt, in seinem Nebengedanken aber das Wahrsein eben dieser Verbindung, auf. In jenen Ausprägungen lässt sich erkennen, dass in der Copula ‚ist' eine, im Lauf der Denkgeschichte ihrer Bestimmung zunehmend ans Licht tretende, Bedeutungsmannigfaltigkeit angelegt sein muss, in der sich die mannigfaltige Bedeutung des Seienden ausspricht, ohne dass doch eigens nach ihr gefragt werden könnte. Innerhalb der Logik wird, so kann Heidegger resümierend festhalten, das Phänomen der *Aussage* nicht zureichend erfasst und umgrenzt werden: der

Phänomenologie stellt sich, zumal auf dem Methodenweg der Destruktion, das Problem, die Aussage selbst in ihrem Strukturgefüge freizulegen. Sie geht auf die der Aussage vorgängige ontologische Voraussetzung zurück, die in der ersten Logik-Vorlesung thematisch geworden war, wonach Seiendes als dem in der Welt seienden Dasein Enthülltes vorgegeben sein muss, um Gegenstand einer Aussage sein zu können. Der copulative Sinn des ‚ist' wird, in methodischer Ergänzung zur ersten Logik-Vorlesung, nicht übersprungen. Er wird vielmehr in seinem Derivationscharakter durchsichtig gemacht: als Copula kann Sein im Satz nur fungieren, da das Sein des *Seienden als Seienden* wesentlich eine ‚Verbindung', ein ‚Beisammen' (syn) meint. Der in der Apóphansis der Aussage vorausgesetzte Enthüllungscharakter gibt damit einen Blick auf den inneren Zusammenhang mit der Seinsfrage frei, der in der zweiten großen Logik-Vorlesung der Marburger Zeit im Blick auf den Satz vom Grund entfaltet werden wird. Das Enthüllen wird auf den (verbal gefassten) griechischen Ursinn von ‚aletheuein' als Wahrsein bezogen, worin sich Seiendes erst in seinem Sein zeigen kann. Solches Wahrsein ist aber zugleich (und unablösbar davon) „eine *Seinsweise des Daseins* selbst, seiner *Existenz*" (S. 308). Dass sich das Sein von Seiendem erst als sich vollziehendes Wahr-sein gibt, ist unlösbar davon, dass das Dasein sich in der Weise des Wahrseins, also Enthüllen, verhält; ein Zusammenhang, der ebenfalls im Erörterungsgang der Vorlesung über die ‚Metaphysischen Anfangsgründe der Logik' differenziert werden wird. Eben hier wird der veritative Grundzug der Seinsfrage offensichtlich. Die ontologische Differenz kann eben an dem Punkt an die ‚These der Logik' anschließen, an dem diese auf den Urteilsvollzug des Daseins hin transparent geworden ist. Hier hat die ontologische Differenz zunächst ihren Ort. „Zur Existenz des Daseins gehört aufgrund der Zeitlichkeit die unmittelbare Einheit von Seinsverständnis und Verhalten zu Seiendem. Nur weil dieser Unterschied zur Existenz gehört, kann er in verschiedener Weise explizit werden. Weil in der Ausdrücklichkeit dieser Unterscheidung von Sein und Seiendem beide Unterschiedenen sich gegeneinander abheben, wird das Sein dabei mögliches Thema eines Begreifens (Logos). Daher nennen wir den ausdrücklich vollzogenen Unterschied von Sein und Seiendem die *ontologische Differenz"* (GA 24, S. 434), wobei hinzugefügt wird, dass auch deren thematische Abhebung, also die Rückbindung an den Logos innerhalb einer wissenschaftlichen Philosophie in strenger Sacharbeit und Nüchternheit, auf der Heidegger zumal am Ende des Kollegs mit größtem Nachdruck besteht,[10] als Seinscharaktere des Daseins zu begreifen sind. Auf ihrem phänomenologischen Grund führt die These der ‚Logik' auf die ekstatische Temporalität, in der, wie Heidegger zeigt, das ‚Apriori' und der Transzendenzcharakter des Daseins seinerseits gründet.

Die skizzierte Destruktion der These vom Sein als Copula in der Logik bringt, vor der Einsicht in die notwendig ‚existenziale Seinsart der Wahrheit', im Grundzug den notwendigen Zusammenhang von Sein und Wahrheit ans Licht. Sie ist es daher, die, anders als die anderen ‚kritisch phänomenologisch' diskutierten Thesen, unmittelbar auf die im zweiten Teil der Vorlesung entfaltete fundamentalontologische Frage nach dem Sinn von Sein hinüber weist. Und eben hier ist ein Zusammenhang mit den späteren Logik-Vorlesungen der Freiburger Zeit angedeutet, die den Entgegensetzungen, die sich im Sinn von Sein verbergen, nachgehen (Vgl. etwa GA Band 51). Je näher wir dem ‚ist' rücken, so hält Heidegger fest, als umso rätselhafter erweist

---

[10] Vgl., ibid., S. 467 ff. mit der Abwehr jeder ‚Weltanschauungs-Bildung, Magie' und ‚una voce', „ihrer eigenen Grenzen vergessenden positiven Wissenschaften", mit dem Verweis auf „Kant, den erste(n) und letzte(n) wissenschaftliche(n) Philosophe(n) größten Stils seit Plato und Aristoteles" die Aufnahme der Abhandlung „Von einem neuerdings erhobenen vornehmen Ton in der Philosophie" (1796).

es sich. Die in sich gänzlich indifferente Form der Copula nämlich bezieht sich auf die je spezifische Enthülltheit des Seienden und wird innerhalb seiner nachgerade unkenntlich. Nicht nur Was-sein und Wie-sein, sondern zugleich das Enthülltsein in seiner Spezifik, treten aus der Indifferenz der Copula ans Licht.

III

(1) Die letzte Marburger Vorlesung ‚Metaphysische Anfangsgründe der Logik – im Ausgang von Leibniz', die Heidegger im Sommersemester 1928 hält, setzt eben in dem Zusammenhang an, der in der ersten Marburger Logik-Vorlesung mit größter Sorgfalt freigelegt worden war, nämlich bei der Einsicht, dass die „gigantomacheia peri tou ontos" (Platon, Sophistes; Frontispiz von ‚Sein und Zeit) ihr Feld im ‚menschlichen Dasein' hat; in ihr spitzt sich die Problematik also auf das Dasein hin zu.[11]

Dieses sei als Kampfgrund der ‚Gigantomacheia' originär in Hinsicht auf die Seinsfrage hin auszuarbeiten, wobei es Heidegger als „die einzige Aufgabe" begreift einzusehen, „dass dieses menschliche Dasein selbst ein Seiendes (ist), zu dessen Seinsart es wesenhaft gehört, dergleichen wie Sein zu verstehen" (GA 26, S. 20). Die Fragerichtung nach dem Dasein orientiert sich aber unmittelbar auf das Fundament philosophischer Logik, auf Grundsätze der Logik als Grundsätze des Denkens. Diese begreift Heidegger als „Gründe für Sätze überhaupt, Gründe, die Denken ermöglichen" (24), als was sie sich wiederum nur erweisen können, indem sie „Gründe für Verstehen, Existenz, Seinsverständnis, Dasein, Urtranszendenz" sind (S. 24). Damit wird das Grundproblem der Logik

---

[11] Im Hintergrund der hier vorgelegten Hinweise auf Heideggers zweite Marburger Logik-Vorlesung soll deutlich werden, dass diese den Gedankengang gleichermaßen der Abhandlung ‚Vom Wesen des Grundes' (1929, GA 9, S, 123 – 177) als auch Grundzüge von ‚Was ist Metaphysik?' (ibid., S. 103 – 123) vorzeichnet und begründet.

auf eine doppelte Problemstruktur hin vorentworfen: es verweist zum einen auf die *Gesetzlichkeit* des Denkens, diese enthülle sich aber als Problem der menschlichen Existenz, näher: als Problem der Freiheit (S. 25).
Es ist der Satz vom Grund, der die Mitte aller Erörterungen ausmacht. Heidegger bespricht ihn in zwei Schritten: Der erste Schritt gilt einer freilegenden Destruktion der leibnizianischen Urteilslehre, der zweite sucht die ihr zugrundeliegende ‚Metaphysik' des Satzes vom Grund freizulegen als das genuine ‚Grundproblem der Logik' aufzuweisen.

Leibniz' Urteilslehre ist als Inklusionstheorie zu verstehen, die in ihrem Grundgefüge einer aristotelischen Bestimmung folgt (de interpr. 3, 16b10f.), wonach das, was mit Recht von einem Subjekt ausgesagt werden soll, in ihm enthalten sein muss (hyparchein auto).
Bei Leibniz nimmt dies bekanntlich die Form an, dass das Prädikat als consequens im Subjekt enthalten sein muss, dass seinerseits ‚antecedens' ist. Die Inklusion hat ihrerseits sowohl logischen als auch ontischen Charakter (44), wie Heidegger unterstreicht. Der Einschluss also bezieht sich auf Prädikat und Subjekt und gleichermaßen auf „das Sein des mit dem Prädikat Gemeinten mit dem im Subjekt genannten Seienden" (S. 44). Dieses doppelte Inklusionsverhältnis indiziert eine Identität: Es verdeutlicht, dass das Urteil nach Leibniz eine ‚connexio realis' ist, der gemäß die im ‚nexus' stehenden Glieder nicht auseinanderfallen. Des näheren ergibt sich das Verhältnis, dass Identität im urteilslogischen Formalsinn auf der ontischen Identität beruht. Die leibnizianische Idee der Erkenntnis findet nach Heideggers Auslegung in der ‚cognitio intuitiva' ihren höchsten Punkt. Diese verweist, orientiert am Ideal Gottes, als unmittelbar zu erfassendes ens simplicissimum', das direkt zu erfassen und nicht weiter zu analysieren ist (79), auf den Inbegriff von Identität im Sinne der „Einstimmung des Verschiedenen"

(S. 84). In ihr wird der Begriff der ‚connexio realis' als Identität sinnfällig, der strictu sensu besagt: „Was in dem nexus steht und in der connexio erfasst wird, fällt nicht auseinander, widerstreitet sich nicht, sondern alles ist in sich einig und betrifft als Bestimmtheit das eine und selbe Was – das Identische in seiner Identität" (S. 84). Es ist jener Zusammenhang der Identität mit der Wahrheit, aus dem sich einer phänomenologischen Interpretation die leibnizische Fassung des ‚Seins des eigentlich Seienden' als Monade erklärt, bei deren Ausdeutung Heidegger auf ihren ‚Drangcharakter' abhebt, auf den Vollzug des einigenden Einen.

Die Doppelung der formalen Identität im Urteil mit der ontischen Übereinstimmung wird zum Leitfaden dafür, dass Logik und Ontologie in ein Verhältnis gebracht werden können.

Dieses verweist auf die innere Gabelung des Bezugs in ‚Intentionalität' und ‚Bestimmung' (in Entsprechung zu dem Verhältnis von ‚hermeneutischem' und ‚apophantischem Als' in der ersten Logik-Vorlesung): der intentionale Bezug des Aussagens ist ‚in sich' zugleich beziehendes Bestimmen von *Etwas als Etwas*. Im ‚ist' eines jeden Urteils (A ist B) lässt sich, wie Heidegger zeigt, diese Ursprünglichkeit der Gabelung freilegen. Dieser Aufweis steht am Ende des Destruktions-Teiles der Vorlesung. Die Destruktion führt zu der Einsicht, dass die Logik in der Metaphysik gründet. Sie ist strictu sensu nichts anderes „als die Metaphysik der Wahrheit" (S. 132). In dem damit freigelegten Umkreis bewegt sich im zweiten Hauptstück der Vorlesung der Aufweis des Grundproblems der Logik. Es kann dabei um nichts anderes gehen als darum, den Grundsatzcharakter des Satzes vom Grund phänomenal aufzuhellen. Heidegger bestimmt die Problemdimension aus der Ambivalenz der Wortbedeutung von ‚aitia', was ebenso wohl Argument (als ‚Grund eines Für-wahr-haltens' oder ‚Beweisgrund') wie auch ‚Ursache' heißen kann. Anders gesagt hat die Rede vom Grund in der Episteme (im Logos) und in der Techné ihren Ort, ein Zusammenfall, der nach Heidegger keinesfalls zufällig ist. Logos und Episteme einerseits und Techné andrerseits, also in der Sprache der wirkmächtigen aristotelischen Unterscheidung: Poiesis und Praxis, sind als die beiden Verhaltungen zu verstehen, an denen das Seiende offenbar wird.

Der *Grund* steht in einem nun zu erhellenden Wesensbezug zur Wahrheit. Heidegger bezieht sich eben in jenem Zusammenhang auf das letzte eingehende Gespräch mit Max Scheler aus dem Dezember 1927, das um eine radikalere phänomenale Fassung des Verhältnisses von Subjekt und Objekt gekreist hatte, was sich mit der Erwartung verband, dass der Überschritt in die eigentliche Metaphysik wieder gewagt, sie also „von Grund auf" entwickelt werden sollte. Dabei hält Heidegger auch fest, dass die originäre Bestimmung des Verhältnisses zwischen Subjekt und Objekt in beider originärer Seinsart „eine der vorbereitenden Hauptaufgaben von ‚Sein und Zeit' gewesen sei, die aber noch kaum über eine erste Wegbahnung hinausgelangt ist. Für jene elementare Freilegung sollte die Intentionalität den Leitfaden abgeben. Die husserlsche Fassung der Intentionalität ist Heidegger zufolge defizitär. Sie bleibt nämlich eingegrenzt auf das noetische Verhalten zu Seiendem. Indes bleibt das Intentionalitätsproblem selbst im Bereich einer Vorfrage. Seine *Radikalisierung* führt auf die Frage der *Transzendenz* als Verhaltung des Daseins, die nach Heidegger ‚ex origo' mit dem Charakter von dessen ursprünglichem ‚In-der-Welt-sein' eins ist (ibid., S. 170). Transzendenz ist damit von Intentionalität unterschieden. Diese ist nur auf dem Grund von jener überhaupt möglich, womit die Einsicht erreicht ist, dass das Wesen der Wahrheit überhaupt nur als ‚Transzendenzproblem' aufzuklären ist (S. 171). Der Vorblick auf das Wesen der Wahrheit, der in Übereinstimmung mit Heideggers erster Logik-Vorlesung die Verwurzelung des Wahrheitsphänomens in einem ‚Schon-sein-bei' freilegt und die Einheit des

Bestimmens von etwas als etwas im Wahr-sein als Enthüllen fundiert weiß (S. 160 f.), erschließt sich nun in der Zugehörigkeit der Wahrheit zur Transzendenz. Dabei ist der auf die Metaphysik der Logik gerichtete Schritt nicht zu überspringen, demzufolge zu klären ist, dass Grund ‚irgendwie mit Wahrheit zusammenhängt' (S. 152), was aber im Sinn des von Heidegger begangenen Erörterungsweges nur aus dem Vorgriff auf das Wesen der Wahrheit einsichtig gemacht werden kann. Die Rückerinnerung an das Problem von Sein und Zeit haftet an der Klärung des originären Transzendenzcharakters des Daseins, der dem metaphysischen Problem des Grundes seine ‚Dimension' zuweist. Diese ist aber, im Sinn der *Grundfrage der Metaphysik,* mit der „zentrale(n) Fragerichtung der Metaphysik" eins (S. 195). Das bedeutet auch, dass das Problematon der Transzendenz überhaupt nur innerhalb der Vorzeichnung des Seinsproblems zum Tragen kommen kann. Dieser Aufriss hat zwei, gegenüber ‚Sein und Zeit' aufs höchste zugespitzte Implikationen: Nämlich 1., dass für die Seinsfrage die „Subjektivität des Subjektes", die im ‚Horizont der zweiten Logik-Vorlesung mit der ‚Transzendenz des Daseins' gleichgesetzt werden kann (vgl. S. 194), „die zentrale Frage" sei, denn Sein ‚existiert nur', sofern Dasein existiert, sich also in der Weise der Transzendenz verhält. Er gibt aber an späterer Stelle zugleich zu verstehen, dass im ‚in-der-Welt-sein „der Begriff der Subjektivität und des Subjektiven von Grund aus verwandelt" sei (252). Dies bedeutet 2. gleich wesentlich (in kritischer Spitze gegen den ontischen Intentionalitätsbegriff der husserlschen Phänomenologie, die nicht mehr nach dem Sein des intentionalen Bewusstseins frage), dass sich das Dasein sein Sein gibt, wenn Seiendes sich, namentlich in Episteme (Logos) oder Poiesis enthüllt. Die zweite Zuspitzung betrifft die in sich differente Artikulation des universalen, einen Seins. Heidegger spricht bekanntlich, in dem nicht vorgetragenen Entwurf des Verhältnisses von ‚Fundamentalontologie' und

‚Metontologie' davon, dass die Fundamentalontologie, wird sie nur hinreichend radikal gefasst, aus sich heraus einen Umschlag (metabolé) auf die Totalität des Seienden, eine ‚Kehre' (201) impliziert. Metontologie als ‚metaphysische Ontik' läuft thematisch auf das Seiende hin zurück, in dessen Umkreis sie sich hält. Im ausgeführten Vorlesungstext erweist sich dies als die ‚Grundartikulation des Seins' (S. 193), die als sich vollziehende Unterscheidung von Sein und Seiendem, eben als ‚ontologische Differenz' (193), das Seinsverständis überhaupt erst ermöglicht. Es kann in unserem Zusammenhang nur um die Freilegung des Denkortes jener Kehre gehen: Heidegger bildet den Doppelbegriff der (aristotelischen) Grundlegung der Metaphysik in ‚prote philosophia' und ‚theologia' auf die in sich unterschiedene Einheit von Fundamentalontologie und Metontologie ab: diese in der Fundamentalontologie selbst liegende ‚kehrige' Richtung konkretisiert die ontologische Differenz, so dass erst auf ihrem Grund „Philosophie" als „die zentrale und totale Konkretion des metaphysischen Wesens der Existenz" möglich ist (ibid., S. 202).

Damit wird auch dem Problem des Grundes die ihm eigene Problemdimension vorgezeichnet, was zugleich heißt, dass sein eigenster Ursprung „gleichsam aus der Gegenrichtung" (S. 193) angebahnt wird. Der Ursprung des Problems des Grundes kann als „innerer Zusammenhang von Sein und Wahrheit" und das heißt zugleich: als „Wahrheitscharakter des Seins" (S. 193) erkannt werden.

(2) Von diesem Punkt aus dürfte es nun auch möglich sein, die Frage, wie Wahrheit und Grund zusammenhängen, sachgemäß zu exponieren. Das Problem des Grundes wird thematisch, indem (nach der Abtragung der Gegenrichtung) gleichsam „wie von selbst" Phänomen und Wesen des Grundes, in seinem Vollzugscharakter, seinem Wie-sein, zur Abhebung gebracht werden kann (S. 203). Dieser metho-

dischen Vorzeichnung ist im Weiteren zu folgen, wobei der von Heidegger explizierte Erörterungsgang eine weit ausgreifende Vorbildung der Abhandlungen ‚Vom Wesen des Grundes' und ‚Vom Wesen der Wahrheit' enthält, die deren sachliche Klammer deutlicher hervortreten lässt. Entscheidend ist, dass das Phänomen des Grundes unmittelbar am Transzendenzcharakter des Daseins sichtbar wird, wenn dieses, wie Heidegger in Abhebung vom kantischen Begriff der Transzendenz verdeutlicht, als „die ursprüngliche Verfassung der *Subjektivität* eines Subjektes" (211) begriffen wird. (Auch hier ist von Subjekt und Dasein in synonymer Bedeutung die Rede). Wie Heidegger zeigt, ‚existiert' das Dasein wesentlich transzendierend, was nur zu verstehen ist, wenn der Richtungssinn dieses Transzendierens mitgedacht wird. Es richtet sich auf Welt in dem transzendentalen Begriffssinn der kantischen Rede von ‚Welt', wobei Heidegger in einer weitreichenden Kontraktion Kants Rede von ‚transzendental' mit ‚ontologisch' gleichsetzt. Dies aber bedeute, so erläutert Heidegger weiter, nichts anderes als ‚fundamentalontologisch' (S. 218 f.).

Als Grundcharakter von Welt wird – in Abhebungen, die sich im Spielraum zwischen Kant und Platon bewegen, auf dem Weg über die Bestimmung von Welt als ‚Reich der Ideen' und platonisch: ‚epekeina tes ousias' das „Umwillen" erkannt; und man wird auch unschwer sehen, dass hier in der Sache die Doppelbestimmung des Da-seins in ‚Sein und Zeit', als Seinsverstehen und in-der-Welt-Sein nachgerade in eine unmittelbare Verknüpfung bringt. Leitfaden dafür ist, was vor dem Hintergrund der ersten Marburger Logik-Vorlesung alles andere als selbstverständlich ist, der Boden der antiken Ontologie der Par-ousia. Mit der Transzendenzformel des ‚epekeina tes ousias' wird die ‚idea tou agathou' bezeichnet, die „Platon und vor allem Aristoteles" als „das Worumwillen" schlechthin verstehen (ibid., S. 237). Das ‚Umwillen' (und mit ihm die platonische Idea tou agathou) ist wie eine

Umschreibung des Wesens des Grundes zu verstehen – es transzendiert Heidegger zufolge die Gesamtheit der Ideen und gibt ihnen gerade darin „die Form der Ganzheit", die „koinonia" der inneren Zugehörigkeit (S. 237 f.)
In diesem Grundriss tritt nun ‚Freiheit' ein, und es muss sich zeigen, dass in Einlösung des darin erst das Phänomen des Grundes in einiger Vollständigkeit ansichtig gemacht werden kann. Die Orientierung des ‚Umwillen' kann nur als Selbstwahl, aus Freiheit, die in ontologischem Sinn gefasst werden muss (245), exponiert werden, wobei Heidegger die Freiheit pointiert als „die innere Möglichkeit von Willen" (246) denkt. Der vollzugshafte Grundcharakter des Daseins ist daher freies Sich-entwerfen in ein Worum-willen, worin sich aber wiederum eine Duplizität, ein Gegenhalt, auftut. Das Dasein ‚hält sich' in dem Entwurf so, „dass dieser freie Halt bindet" (S. 248), „d.h. dass er das Dasein, in allen seinen Dimensionen der Transzendenz, in einen möglichen Spielraum der Wahl stellt" (S. 248). Damit bestimmt sich das In-der-Welt-sein erst vollständig, denn Welt wird „in der Freiheit wider diese selbst gehalten" (ibid.); man mag hier ein Grundverhältnis gedacht finden, das in den dreißiger Jahren, im Umkreis des Kunstwerk-Aufsatzes als Gegenhalt von Welt und Erde thematisch werden wird. Die Welt und das in seinem Wesen welthafte Dasein begreift Heidegger als ‚überschüssig', gegenüber dem einzelnen Seienden. Doch erst aufgrund des Daseins kann partial Seiendes Eingang in die Welt finden. Dieser Überschuss, von Heidegger, gemäß dem platonischen Topos von der wunderlichen Hyperbole, auch als ‚Übertriftigkeit' und Übertreffen begriffen, wäre auch als Überschwung auszuzeichnen, worin Seiendes ‚übersprungen' wird. Welt erweist sich in diesem Sinn als Nichts, nämlich: nicht als ein Seiendes. Damit ist freilich selbst nur eine Problemanzeige gegeben: zu fragen bleibt, von welcher Art Nichts die Welt ist. Dies korrespondiert mit Heideggers, bislang nicht behandelte Exposition der „Negativität", „die im Begriff der Wahrheit als

a-letheia liegt" (159) und die sich, in größter Dichte mit dem Enthüllungscharakter, dem Begegnenlassen verbindet, das im griechischen ‚aletheuein' ausgesprochen und wiederum verdeckt worden sei. Die Antwort auf die Weise, welcher Art Nichts die Welt ist, kann erst im phänomenalen Aufweis der Zeitlichkeit gegeben werden, die ihrerseits in Fortbildung der ersten Logik-Vorlesung als innere Möglichkeit von Transzendenz freigelegt wird. Für den Erörterungszusammenhang der Logik mag es hinreichend sein darauf zu verweisen, dass die ekstatische Einheit der Zeit, ihr ek-stematischer Horizont, als die (zeitliche) Bedingung der Möglichkeit von Welt erwiesen wird, worin sich wiederum die Welt als das „Nichts" erweist, „das sich ursprünglich zeitigt, (als) das in und mit der Zeitigung Entspringende schlechthin" (S. 272). Welt ist mit dem schulmetaphysischen Ausdruck, das ‚nihil originarium', jenes Nichts, das in und mit der Zeitigung entspringt. Damit erst ist das Wesen des Grundes selbst in der Vollzugsweise des Gründens enthüllt: Das ‚Umwillen', jener primäre Weltcharakter, erweist sich als das Urphänomen von Grund überhaupt. Anders könnte das Dasein nur ‚faktisch nach Seiendem', nicht nach dem Warum fragen (S. 276). Da es sich aber notwendig welthaft verhält, bezieht es sich stets auf das Umwillen der Welt. Die Grundfrage liegt den modi essentiae und existentiae, dem Was-Sein und Dass-sein des Seienden voraus. Es transzendiert sie auf den Sinn von Sein hin.

Heidegger kann die Frage nach dem Grund, wie in einer Vorzeichnung der noch unthematisch bleibenden Grundfrage der Metaphysik auch in die Form bringen: „Warum das Warum?": womit sich keinesfalls ein *regressus ad infinitum* eröffnet, sondern womit in das Grundverhältnis selbst eingewiesen werden muss. Das fragende Warum gründet im Erfragten. Hier tut sich, wie Heidegger zeigt, ein doppelter Problembezirk auf, der offensichtlich auf den Zusammenhang von Fundamentalontologie und Metontologie zurückweist.

Zum einen wird der „Ursprung der Mannigfaltigkeit von Gründen" freigelegt: die Streuung und das Auseinandertreten in verschiedene Formen von Grund freigelegt (S. 278). Zum anderen wird gezeigt, dass der Grund wesenhaft in seinen Grund zurückläuft, womit wir die Freiheit, die sich an das Umwillen bindet, gleichzusetzen haben. Es könnte zunächst scheinen, als solle nur eine strukturelle Übereinstimmung zwischen dem Gefüge von Fundamentalontologie und Metontologie und der doppelten Problemlage des Grundes festgehalten werden. Dies griffe aber zu kurz. Heidegger kommt nämlich im letzten Abschnitt der Vorlesung auf die „tiefe Einsicht" zurück, die in dem griechischen Wort für Wahrheit, aletheia, ihren Niederschlag fand. Sie besteht darin, dass das Seiende erst durch seinen „Welteingang", erst indem es in das Umwillen des Weltbezugs eines Daseins genommen wird, „der Verborgenheit entrissen wird" (S. 281). Seiendes kann erst aus der Welt verstanden werden, weshalb der Grund „wesenhaft zum Sein" gehört (282). Und noch deutlicher: Der Grund als primärer Charakter von Welt wird mit dem im „Seinsverständnis verstandenen Sein" gleichgesetzt, aus dem sich aller erst Seiendes als Seiendes verstehen lasse. Die Grundfrage der Metaphysik, die Frage nach dem Grund, ist insofern konstitutiv für die Seinsfrage.

Gegenüber der bei Leibniz zugespitzten, ‚überlieferten Ordnung' vor deren Hintergrund das Logik-Kolleg seinen Gedankengang bahnt, ist daher festzuhalten, dass nicht die Identität erster „Grundsatz der Logik" sein kann, sondern dass es der Satz vom Grunde sein müsse, womit die Logik als Frage nach der Wahrheit an ihrer Radix *als Metaphysik* aufgewiesen ist. Höchst aufschlussreich ist aber die Verhältnisbestimmung zur Metaphysik. Sie umschreibt den ‚bindenden' Horizont. Heidegger meint, mit diesen Bestimmungen lediglich an den Punkt zurückgeführt zu haben, an dem Platon in Politeia VI, 509b 6-10 stand. Den Satz: ‚all' ethi epekeina tes ousias presbeia kai dynámei hyperechontos' übersetzt er mit den

Worten: „Das Umwillen aber (die Transzendenz) ist nicht das Sein selbst, sondern was es überschreitet und zwar, indem es das Seiende an Würde und Macht überschwingt". Die Vulgärfassung des Satzes vom Grund: nihil est sine ratione: omne ens habet rationem' ‚unterschlägt' wie Heidegger pointiert festhält, den Vorzugs- und das meint: Überschwungs- und Transzendenzcharakter des Grundes, an dem die Transzendenz hängt: sein ‚potius quam'. –

Schluss
Der Gang von Heideggers Marburger Befassungen mit der Logik lässt den Befund zu, dass damit die Frage nach der Wahrheit auf den Weg einer originären Kategorienforschung im temporalen Horizont gebracht wurde.
Sie nimmt in Marburg ihren Ausgang bei der fundamentalen Logos-Analyse im ‚Sophistes', namentlich der Verbindung von logos und mé on, von der her der kinesis-Vollzug des Daseins in seinem Seinsverständnis allererst im Logos ‚gelichtet' und derart bewahrt werden kann. Sie tritt in den Aufweis des abkünftigen Charakters der Aussage aus dem ‚Gegenwärtigen' ein, worin die Frage ‚Was ist Wahrheit?' eine erste eindringende Ausarbeitung erfährt (GA 22). Dabei bringt die ‚Logik' zugleich (GA 22, GA 24) den Zusammenhang von Wahrheit und Sein ans Licht. Und sie führt am Ende der Marburger Jahre (GA 26) in die tief lotende Erörterung des Zusammenhangs von Grund, Freiheit, Wahrheit – in einer fundamentalontologisch auf das Dasein fokussierten Fundamentalanalyse des Sinns von Sein. Eindringlich wird in Heideggers Phänomenologie der ‚Logik' die Tendenz zu einer Urschöpfung der (dem welthaften Dasein eigenen) temporalen Kategorialität erkennbar. Keineswegs nur in destruierender Wegrichtung gilt sein Interesse ganz der Freilegung des Ursinns der ‚Logik' selbst, zum anderen zeigt sich, dass die ‚Logik'-Vorlesungen im Sinn der berühmten Formulierung Kants in seinem Brief an Markus Herz ‚Metaphysik der Metaphysik' zu sein beanspruchen, dies aber

im Sinn einer phänomenologischen Fundamentalanalyse der Metaphysik. Die innere Kehre von der Fundamentalontologie zur Metontologie weist ebenso darauf hin, wie die von Heidegger exponierte, aber nicht zur Gänze ausgeführte methodische Trias der Phänomenologie in phänomenologische Reduktion, Konstruktion (freies Entwerfen des Seienden auf sein Sein) und die, in unserem Problemzusammenhang vor allem leitende Destruktion (GA 24, 27 ff.). Daher geschieht in ihnen ein Gutteil der ‚Verwindung', die in der seinsgeschichtlichen Ausarbeitung der Seinsfrage vorausgesetzt wird. Es kann in der hier gebotenen Blickbegrenzung auf die Marburger Zeit nicht entschieden werden, wo sich die Frage nach der Wahrheit der Fassung der Logik entziehen musste und wie sich die Abkehr von der ersten Ausarbeitung der Frage nach dem Sinn von Sein innerhalb der ‚Logik'-Problematik abzeichnete.[12] Die Erörterung der Grundprobleme der Logik im Sinn der Frage nach der Wahrheit war indes geeignet, die Grundstruktur der a-leiteia, den veritativen Zug der Seinsfrage zu entfalten: dabei scheint sie selbst den Charakter jenes ‚Zwischen' zu haben, das einen Phänomenenzusammenhang nur sehen lassen kann, indem es selbst verschwindet. Insofern bleibt sie unerlässlicher Bestandteil der hermeneutischen Phänomenologie. Nach dem Ende der Marburger Zeit, in seiner Freiburger Antrittsvorlesung ‚Was ist Metaphysik?' wird Heidegger die Idee der Logik in den ‚Wirbel eines ursprünglicheren Fragens' ziehen, was aber nichts anderes heißt, als dass der Ort des gewandelten Problems der Logik angezeigt werden kann, wie es in der Sequenz der Marburger Vorlesungen Gestalt gewonnen hat.

---

[12] Zur Logik als Frage nach der Wahrheit des Seins auf dem Weg der Kehre vgl. vor allem GA 45: Grundfragen der Philosophie. Ausgewählte ‚Probleme' der ‚Logik', Wintersemester 1937/38, sowie aus der Schwingung des Seins heraus: GA 51. Grundbegriffe (SS 1941)

Und es ist nicht zu übersehen, dass sie auch in den zweiten, seinsgeschichtlichen Ausarbeitungen der ‚Grundfrage' eingeht, wobei die ‚Logik' auf den Bereich der Aussage begrenzt zu sein scheint und ihr Wahrheitsbegriff, wenn man an die Vorlesung Grundfragen der Philosophie – Ausgewählte ‚Probleme' der ‚Logik' denkt (WS 1937/38 GA 45), auf die Richtigkeit (‚orthotes') eingeschränkt wird. Die vielfältige Problematik der ‚Logik' ist in die Wesung der Wahrheit des Seins als ihren Grund zurückgeführt, gleichwohl schickt sich eben darin das Sein in der Sprache zu, die im Schweigen gründet und ihr Maß hält (GA 65, S. 510).

Yohichi Kubo
Der Einfluss Heideggers auf die neueren japanischen Philosophen

I. Überblick über die neueren japanischen Philosophien

Die Japaner haben seit langen Zeiten an Buddhismus, Konfuzianismus, Taoismus oder Shintoismus geglaubt. Aber diese asiatischen Gedanken stellen eher eine praktische Weisheit dar, als ein theoretisches Wissen. Die Weisheit, welche zugleich wissenschaftlich überprüft und durch den letzten Grund gerechtfertigt werden kann, d.h., die Philosophie, wurde erst zur Zeit der Meiji-Restauration (1868) aus Europa eingeführt, mit dem Ziel, die japanische Gesellschaft vom Feudalismus zu befreien. Man kann sagen, dass es davor kein Wort wie „Philosophie" in Japan gab und ihr Inhalt kaum im oben erwähnten Sinn gekannt wurde. Dementsprechend bemühten sich die ersten aufklärerischen Philosophen wie Amane Nishi (1829 – 1897) und Yukichi Fukuzawa (1835 – 1901), die Ideen der neueren Philosophie und Wissenschaft Europas in Japan zu verbreiten, während sie gleichzeitig Kritik am Konfuzianismus übten. Deswegen wurde der Anfang der japanischen Philosophie unmittelbar vom neuen aufklärerischen Charakter geprägt. Tatsächlich war die von Nishi und Fukuzawa eingeführte Philosophie weder die griechisch-klassische noch die scholastische, sondern die neuere, vor allem der Positivismus und der Utilitarismus, die damals, d.h., in der letzten Hälfte des 19. Jahrhunderts in England, Amerika und Frankreich vorherrschend waren. Deswegen untersuchten die japanischen Wissenschaftsphilosophen ungefähr vom Anfang der Meijizeit bis 1890 hauptsächlich die englische, amerikanische und französische Aufklärungsphilosophie.
Aber dann, ungefähr von 1891 bis 1906, studierten sie mehr und mehr die deutsche Philosophie hauptsächlich unter dem

Einfluss von Tetsujiro Inoue (1855 – 1944) sowie Fenolosa (ein amerikanischer Philosoph) und Busse (ein deutscher Philosoph)[1] usw., die Philosophie an der imperialen Tokyo Universität lehrten. Nachdem Inoue selbst von 1884 bis 1890 die Philosophie in Deutschland erforscht hatte, wo er Erdmann, Fischer, Wundt, Hartmann usw. kennen gelernt hatte, führte er die deutsche Philosophie, vor allem den deutschen Idealismus, in die akademische Welt Japans ein. Bei der Aufnahme der deutschen Philosophie haben die japanischen Forscher zugleich auch die buddhistischen bzw. konfuzianistischen Gedanken mit der Terminologie des deutschen Idealismus wie „Idealismus" und „Realismus" ausgedrückt. Das bedeutete die Möglichkeit, die neue Denkweise des Dualismus von Geist und Materie zu überwinden, die Nishi und Fukuzawa aufgestellt hatten. Diese von Inoue u.a. eingeführte Tendenz bestimmte bald ebenso die Kyoto-Schule wie Kitaro Nishida (1870 – 1945) und Hajime Tanabe (1885 – 1962). Sie vertraten jedoch nicht ganz den „reaktionären" Standpunkt. Sie stellten vielmehr die Haltung dar, die auch von Fukuzawa und den frühen aufklärerischen Denkern vertreten wurde, nach der der Gedanke der Freiheit und Selbstständigkeit des Volkes in der wirklichen Gesellschaft geweckt werden sollte, doch dies erfolgte erst in einer späteren, anderen Situation und beschränkte sich nur auf den Bereich der Bildung, d.h. der Innerlichkeit des Individuums. Die erste Vorliebe für die europäische Zivilisation war nämlich bald vorbei und als deren Gegenwirkung trat die nationalistische Tendenz ungefähr ab 1889 ein. Nachdem die Bewegung des Volks nach Freiheit und Demokratie (seit 1874) unterdrückt worden war, wurde die auf dem Tenno[Kaiser]-System basierende Verfassung im Jahre 1889 verabschiedet und der Erziehungserlass des Tennos verbreitet. Hirobumi Ito (1841 – 1909), der erste Ministerpräsident und ein Begründer dieser Verfassung,

---

[1] Ludwig Busse, der erste deutsche Lehrer lehrte Philosophie an der imperialen Tokyo Universität von 1887 bis 1892.

war der Meinung, dass der Kern der Verfassungen, der in Europa im Christentum bestand, nun gerade im Tenno-System in Japan zu finden sei. Dementsprechend begann die Wiedereinsetzung des Konfuzianismus und des Buddhismus. Ein Christ, Inazo Nitobe (1862 – 1933) z.b., schätzte den Gedanken der japanischen Ritterlichkeit („Bushido") hoch ein. Nishida und Daisetu Suzuki (1870 – 1966) fanden in dem buddhistischen Erlebnis die Möglichkeit, den Gegensatz zwischen Sein und Nichts, Subjekt und Objekt usw. aufzuheben, worum es auch im Mystizismus und dem deutschen Idealismus ging.

Dieser Übergang des Schwerpunktes von der „Zivilisation" zur „Bildung" bot einen neuen Ausblick auf die Entwicklung mit der deutschen Philosophie selbst, worauf das Denken vieler japanischer philosophischer Forscher beruhte. Zunächst beruhten die Lehren von Inoue und Nishida u.a. auf dem deutschen Idealismus, auf Schopenhauer, der Evolutionstheorie sowie dem Neukantianismus. Dann rückte jedoch die hermeneutische, existenzialistische Philosophie Martin Heideggers ins Ziel der neuen Generation. Hier haben Tetsuro Watsuji (1889 – 1960) und Syuzo Kuki (1888 – 1941) unter Einfluss der modernen Denkweise Heideggers den Sinn der japanischen Nationalität als philosophische Weltanschauung und Theorie der Kultur neu begründet. Dabei legten sie die Sache auch ein wenig anders aus als Heidegger, da sie sie unter Berücksichtigung ihrer eigenen Intensionen anwandten. Watsuji betonte die räumliche Beziehung des Menschen zur Natur stärker als seine Zeitlichkeit. Kuki fand eine Struktur der Dualität in „Iki" (Schick) und in der Zufälligkeit überhaupt. Dagegen hat Tanabe Kritik an der hermeneutischen Methode Heideggers geübt, um seine eigene soziale Ontologie durch die dialektische Logik zu konstruieren. In den folgenden Abschnitten beschäftigen wir uns mit den japanischen Philosophen, die durch die Schriften von Heidegger beeinflusst worden sind.

II. Watsuji und Heidegger

Wie oben bereits erwähnt, ist die europäische Philosophie, mit der Watsuji und Kuki sich im Zusammenhang mit den japanischen Gedanken und der Kultur in ihrer Weltanschauung und Japanologie beschäftigen, nicht mehr die neuere Philosophie oder die in dieser Linie liegende Subjektphilosophie, sondern die Philosophie Heideggers, der sich bemüht, den Rahmen der neueren Philosophie radikal zu überwinden. Mit anderen Worten kann man sagen, dass sie zur neuen Reflexion über den Sinn des japanischen Denkens allgemein als Weltanschauung und über die Eigentümlichkeit der japanischen Kultur angeregt wurden, indem sie von dem modernen Gesichtspunkt Heideggers positiv beeinflusst wurden. Dabei sind Watsuji und Kuki gemeinsam der Meinung, dass die Seinsstruktur des Menschen als die Art und Weise des menschlichen Selbstverständnisses im Verhältnis zur Welt (der Natur, dem anderen Geschlecht usw.) aufgefasst wird, als deren Ausdruck die Erscheinungen der japanischen Kultur ausgelegt werden können. In diesem Punkt waren sie der hermeneutischen Ontologie des frühen Heideggers sehr dankbar. Zugleich legten sie die Sache aber auch anders als Heidegger aus, indem sie sie unter Berücksichtigung ihrer eigenen Verhältnisse anwandten.

Was Heideggers Denkweise von der neueren Philosophie unterscheidet, ist das Bewusstsein als eines sich immanent übersteigenden Standpunktes, das sich in seiner Intentionalität als ein Dasein konstituiert, worin die Relationen wie „Existenz" oder „Transzendenz" sich besonders hervorheben, d.h. konkret für den Menschen, dass er immer schon außer sich ist („existiere").[2] Als Watsuji 1927 das neu erschienene Werk Heideggers *Sein und Zeit* in Berlin las,[3] wurde er möglicherweise sehr von diesem Gedanken der Relation oder Transzendenz beeinflusst. Allerdings hat er den Gedanken

---

[2] Vgl. Heidegger, M.: Sein und Zeit. – Tübingen, 1967, S. 42, 61
[3] Watsuji war von 1927 bis 1928 in Deutschland.

Heideggers auch als Anhaltspunkt benutzt, um mehrere Seiten der Relation oder Transzendenz im menschlichen Selbstverständnis aufzufassen, in denen die von Heidegger nicht beachteten Aspekte enthalten waren. Watsuji zufolge kann die Transzendenz des Menschen nicht nur in der von Heidegger betonten „Zeitlichkeit" des „Einzelnen" erkannt werden, sondern auch in den folgenden drei Aspekten:

Erstens in dem „Verhältnis zwischen den verschiedenen Menschen untereinander [間柄], zweitens in der „Geschichtlichkeit" [歴史性] dieser gesellschaftlichen Beziehungen selbst und drittens in dem „klimatischen Verhältnis" [風土性].[4]

Den ersten Punkt erklärt Watsuji in *Ningen no Gaku toshiteno Rinrigaku* [Ethik als Wissenschaft des Menschen, 1934] etymologisch vom chinesischen und japanischen Ursprung des Wortes [人間] [Ningen; Menschen]. Da sein Wortelement [間] [Aida; Zwischen] ein Verhältnis bedeutet, bedeutet es eigentlich auf Chinesisch die „Welt", nämlich „Gesellschaft". Japaner befolgten anfangs diese Anwendungsweise. Aber sie benutzten es bald auch im Sinn von [人] [Hito], d.h. dem Menschen als dem Einzelnen, indem sie „es Hito im Vergleich mit dem Chikusyou [畜生; Tier] nannten, was dem Tier gegenübergestellt wird." Hiermit enthielt es einen zweifachen Sinn, d.h. den vom „Einzelnen" und den von der „Gesellschaft".[5] Dagegen werden diese zwei Elemente in den europäischen Sprachen nicht zusammen in einem Wort ausgedrückt, sondern getrennt wie „homme" und „on" auf Französisch sowie „Mensch" und „man" auf Deutsch.[6] Allerdings besteht der Mensch eigentlich nach Watsuji im „Zusammenhang der Handlung",[7] die nicht nur als „leibliche" Handlung, sondern auch im Verhältnis mit den anderen, in

---

[4] Vgl. Watsuji, Fudo [風土; Klima"], 1935, S. 22
[5] Vgl. Watsuji, op. cit. S. 11 - 32
[6] Vgl. op. cit., S. 15
[7] Vgl. op. cit., S. 43

der „Gemeinschaft" zum Ausdruck kommt. Deswegen ist es berechtigt, dass das Wort [人間] den zweifachen Sinn, sowohl den vom „Einzelnen" als auch den von der „Gesellschaft" erhält. Aber in der bisherigen „Anthropologie" „geht es nur um den einzelnen Charakter, den man von dem zweifachen abstrahiert."[8]

Das „Sein" dieses einzelnen und sozialen Menschen hat ferner nach Watsuji zwei Dimensionen wie die „Zeitlichkeit" und die „Räumlichkeit". Dieser Punkt wird auch etymologisch vom japanischen Wort [存在] [Sonzai; Sein] erklärt. Einerseits hat das Wortelement 存 [Zon oder Son] einen „zeitlichen Charakter", weil es die „selbstbewußte Erhaltung" oder „subjektive Wirkung" wie in seiner Wendung [存じております] [Zonjiteorimasu; „Ich weiß es"] beinhaltet.[9] Andererseits hat das Wortelement [在] [Zai] einen räumlichen Charakter, dass etwas „an einem Ort liegt".[10] Also stellt das Wort [存在] dar, dass die Zeitlichkeit und die Räumlichkeit des Seins nicht getrennt sind. Dagegen betont Heidegger die „Zeitlichkeit" als die wesentliche Seinsweise des Menschen. Ferner entspricht das Wort [在] dem Element der „Gesellschaft" im Menschen, weil es eigentlich bedeutet, dass etwas „an einem gesellschaftlichen Ort liegt", insofern die Bestimmung des Ortes durch den Menschen gegeben wird. Nun fasst Heidegger die Struktur des menschlichen Seins als die Zeitlichkeit auf, gerade weil er in die „Einseitigkeit" gerät, „das menschliche Sein nur auf dem Boden des Bewusstseins des Einzelnen zu finden."[11]

Deswegen ergänzt Watsuji die „Zeitlichkeit" des „Einzelnen" bei Heidegger einerseits mit der Zeitlichkeit der „Gesellschaft", andererseits mit der „Räumlichkeit" des Einzelnen und der Gesellschaft. Die Zeitlichkeit der Gesellschaft betrifft

---

[8] Vgl. Watsuji, Fudo, S. 21
[9] Vgl. Watsuji, Ningen no Gaku toshiteno Rinrigaku, 1934, S. 38 - 39
[10] Vgl. op. cit., S. 39
[11] Vgl. Watsuji, Fudo, S. 19

die oben erwähnte „Geschichtlichkeit", während die Räumlichkeit des Einzelnen und der Gesellschaft das „klimatische Verhältnis" darstellt. Genauer gesagt, hat Heidegger sie nicht ganz ignoriert, sondern auch gleichsam die „lebendige Natur" erwähnt und die „Räumlichkeit des Daseins" betrachtet.[12] Aber sie „verlor" nach Watsuji fast „ihre Gestalt im starken Licht der Zeitlichkeit". Daher hat er „die Grenze des Werks Heideggers in diesem Punkt gefunden."[13]

In welchem Sinn hat Watsuji nun die Analyse Heideggers einerseits als seinen Anhaltspunkt benutzt und andererseits wegen ihrer Einseitigkeit kritisiert, um ein „klimatisches Verhältnis" zu behaupten?

Das Wort [風土] [Fudo], d.h. das Klima, bezeichnet die Erscheinungen wie „das Wetter, die meteorologischen Erscheinungen, die Bodennatur, die Bodenbeschaffenheit, die Bodengestalt, den Anblick des Landes" im Allgemeinen.[14] Sie ist nach Watsuji weder „der Gegenstand der Naturwissenschaft", nämlich „das Objekt", das sich vom „Subjekt" unterscheidet, noch die Erscheinung im „Subjekt", sondern die „Naturerscheinung" als ein „Moment" im menschlichen Verhältnis."[15] Der Mensch geht nach draußen in die Natur. Insofern versteht er die Naturerscheinung, während er das Selbst als das versteht, was im Verhältnis zu dieser Naturerscheinung existiert. Übrigens hat Heidegger den Menschen („Dasein") als das Seiende aufgefasst, dem es um sein Sein in sich selbst geht, und die „Welt" nicht als ein „Objekt" charakterisiert, sondern als das „Zeug", dessen Sinn der Mensch versteht. Watsuji hat seinen Anhaltspunkt in dieser Lehre Heideggers vom „Dasein" und „Zeug" gefunden, um das Klima als ein strukturelles Moment des menschlichen Selbstverständnisses aufzufassen. Dabei ist das „Zeug" wesentlich

---

[12] Vgl. Heidegger, op. cit., S. 71, 110 ff.
[13] Vgl. Watsuji, Fudo, S. 3 - 4
[14] Vgl. op. cit., S. 9
[15] Vgl. op. cit., S. 10 - 12

„etwas, um zu ..."[16] Aber Watsuji findet ferner die „klimatische Bestimmung" im Grund dieses Zusammenhangs von „um, zu ..."[17] Zum Beispiel ist der Schuh ein Zeug des Menschen, um zu Fuß zu gehen. Aber viele Menschen können ohne ihn zu Fuß gehen. Er bedarf seiner gerade wegen der Kälte oder Hitze. Obwohl das „Zeug" schließlich für den „Menschen" da sein soll, hat es zugleich einen „engen Zusammenhang mit der klimatischen Bestimmung."[18] Anders gesagt, genau wie der „Entwurf" als das „Verstehen" des „Zeugs" durch die „Geworfenheit" in der „Stimmung" bei Heidegger bedingt wird, besteht das „Zeug" unter der „klimatischen Belastung" wie unter der „Geworfenheit".[19]

Nun ist der Mensch, der das „Zeug" unter der „klimatischen Bestimmung" versteht und dadurch sich selbst versteht, im Konkreten, wie oben, das „Verhältnis zwischen Menschen", das einzeln sowie gesellschaftlich ist und außerdem die „Geschichtlichkeit" umfasst. Deshalb kann der sich unter der klimatischen Bedingung verstehende Mensch als eine die gesellschaftlich und geschichtlich tragende Bestimmtheit verstanden werden. Also versuchte Watsuji in seinem Werk Fudo (1935), diese „geschichtlich und klimatisch besondere Struktur des Menschen" zunächst „von der Seite des Klimas aus"[20] aufzufassen.

Watsuji hat die Typen des Selbstverständnisses des Menschen unter der „klimatischen Belastung" dort aufgrund seiner eigenen Erfahrungen auf der Seereise von Japan nach Europa in drei Typen wie „Monsuntyp", „Wüstentyp" und „Wiesentyp" eingeteilt. Bei dem „Monsumtyp", wie bei Menschen in Indien, China und Japan, ist es sehr „feucht". Insofern die feuchte Natur dem Menschen viel Gnade gibt, erweckt sie in

---

[16] Vgl. Heidegger, op. cit., S. 68
[17] Vgl. Watsuji, Fudo, S. 24
[18] Vgl. op. cit.
[19] Vgl. op. cit., S. 25
[20] Vgl. op. cit., S. 28

ihm nicht den „Widerstand gegen sie". Insofern sie aber Naturkatastrophen wie Überschwemmungen und Taifun usw. mit sich bringt, macht sie ihn „passiv". Deshalb ist das Selbstverständnis des Menschen vom „Monsumtyp" „duldsam" zur Natur und „passiv" gegenüber der Welt. Beim „Wüstentyp", wie bei Menschen in Arabien und Afrika, ist es sehr „trocken". Deswegen verhält sich der Mensch, um Wasser zu bekommen, „gegnerisch und kämpferisch" zur Natur. Von daher ist das Selbstverständnis des Menschen vom „Wüstentyp" „kämpferisch" zur Natur und „gehorsam" gegenüber der Welt. Beim „Wiesentyp", wie bei Menschen in Europa, ist es teils „feucht" und teils „trocken". Da die Natur dort in der Regel keine „großen Naturkatastrophen mit sich bringt", kann sie leicht durch den Menschen beherrscht werden, so dass sie „sich in der rationalen Gestalt offenbart." Deshalb ist das Selbstverständnis des Menschen vom „Wiesentyp" „beherrschend" gegenüber der Welt.

Das Selbstverständnis der Japaner hat Watsuji dann in der „besonderen Art" der „Duldsamkeit und Passivität" des „Monsuntyps" gekennzeichnet. Da das Klima Japans teils zu den „Tropen" und teils zu dem „kalten Kreis" gehört und „saisonbedingt" (ordentlich) und „urplötzlich" (außerordentlich) ist, wird die „japanische Nationalität" als „stille Leidenschaft und kämpferische Ungebundenheit" dargestellt. Ferner findet Watsuji den objektiven Ausdruck dieser Nationalität im Verhältnis zwischen den Menschen, besonders in der Familie. Japaner bevorzugen die Totalität der Familie gegenüber dem Einzelnen. In der Familie gibt es eine enge Verbindung als das „innere" Gebiet, das sich von dem „äußeren" fremden Gebiet distanziert. Dagegen sehen Europäer den Menschen als den „Einzelnen" und verstehen die Familie auch als eine „Verbindung der Einzelnen miteinander." Einerseits ist er „individualistisch", so dass die Menschen voneinander „distanziert" sind. Andererseits ist er „gesellschaftlich" und „öffentlich", so dass sich eine „Gemeinsamkeit" der voneinander distanzierten Menschen ergibt. Aber Japaner sind nicht mit diesem „öffentlichen" Leben vertraut. Deswegen ist das Bewusstsein des Rechts und der Pflicht des Menschen als eines „Bürgers" bei ihnen eigentlich schwach ausgebildet. Darin findet Watsuji die Problematik der Modernisierung Japans seit der Meiji-Restauration, worauf Fukuzawa schon hingewiesen hat. Watsuji sagt wie folgt: „Möglicherweise haben Japaner das europäische Leben in seiner äußerlichen Form gelernt. Aber insofern sie nicht das individualistische und gesellschaftliche Leben wegen der Gebundenheit an die Familie führen können, werden sie kaum europäisiert."[21]

III. Kuki und Heidegger

Wie Watsuji ein neues Licht auf die japanische Nationalität vom Gesichtspunkt der „klimatischen Belastung" unter Einfluss des Gedankens der „Transzendenz" Heideggers geworfen hat, hat Kuki die Eigentümlichkeit der japanischen Kultur neu in „Iki" [いき], d.h. dem dem Japaner eigenen ästhetischen Sinn aufgefasst, indem er den Gedanken Heideggers, vor allem den der „Hermeneutik" angewandt hat.[22]

„Iki" stammt eigentlich aus der Welt der Togugawa-Zeit, in der die „Geisha", nach Meinung von Kuki, in verschiedenen körperlichen (in Figur, Gestik usw.) und künstlichen Formen (Muster der Kleidung, Struktur des Teezimmers usw.) eine verfeinerte Sensibilität ausgedrückt haben. Er hat sie

---

[21] Vgl. op. cit., S. 95

[22] Kuki hielt sich in Europa von 1921 bis 1929 auf, wo er die Philosophie direkt bei Rickert, Husserl, Bergson und Heidegger lernte. Der lange Aufenthalt in Europa brachte ihn bald zur klaren Einsicht in die japanische Kultur. Er hat sich tatsächlich über Iki gerade mit Heidegger unterhalten. Merkwürdigerweise hat Heidegger dabei den Zweifel, „ob es für die Ostasiatischen nötig und berechtigt sei, den europäischen Begriffssystemen nachzujagen" ausgedrückt. Vgl. Heidegger: Aus einem Gespräch von der Sprache – zwischen einem Japaner und einem Fragenden. – In: Unterwegs zur Sprache. – Stuttgart 2007, S. 87

umfassend in *Iki no Kozo* [Struktur von Iki] (1930) analysiert, wo er die Methode der Analyse für „hermeneutisch" gehalten hat. „Wir sollen vielmehr nach „extentia" von Iki als nach ihrer „essentia" fragen." „Wir dürfen Iki nicht „nach Eidos", sondern wir müssen es „hermeneutisch" untersuchen.[23] Was bedeutet es nun, nach Iki hermeneutisch zu fragen, oder mehr existentia als essentia von Iki zu untersuchen? Das bedeutet nicht, das allgemeine „Eidos" von Iki, d.h. den „ihren Erscheinungen umfassenden Gattungsbegriff" zu suchen, sondern sie „in ihrer lebendigen Gestalt aufzufassen, wie sie existiert, ohne ihre Konkretheit als Tatsache zu verlieren."[24] Mit anderen Worten, sollten wir Iki nicht in ihrem allgemeinen Wesen auffassen, das den anderen Erscheinungen gemeinsam ist, sondern sie in ihrem einzig „besonderen" Merkmal auffassen, das sich von den anderen Erscheinungen unterscheidet. Nun ist die einzige Besonderheit von Iki nichts anderes als „die die Geschichte habende besondere Kultur", nämlich die nationale Besonderheit, d.h. die japanische Kultur. In der Tat gibt es keinen Ausdruck in den fremden Sprachen, durch den der japanische Ausdruck „Iki" gerade richtig ausgedrückt werden kann. Vielmehr muss man verstehen, dass in Iki die „besondere Seinsweise des japanischen Volks" ausgedrückt wird. Wenn man so die „Selbstoffenbarung" der „besonderen Seinsweise" der japanischen Kultur in Iki auffasst, folgt man der „hermeneutischen" Auffassung. In diesem Sinn „kann die Untersuchung über Iki nur als die Hermeneutik des nationalen Seins möglich"[25] sein.

Aber eine solche Methode der Untersuchung mit der man die verschiedenen körperlichen und künstlichen Formen als Ausdruck von Iki als der Sichoffenbarung der besonderen Seinsweise des japanischen Volks auslegt, erinnert uns vielmehr an die Hermeneutik Diltheys, der das Werk als den

---

[23] Vgl. Kuki, Iki no Kozo, S. 12 - 14
[24] Vgl. op. cit., S. 12
[25] Vgl. op. cit., S. 78

Ausdruck des Erlebnisses verstand, als an die Heideggers. Bei diesem, besonders in seinem Buch *Sein und Zeit,* ist die Hermeneutik nicht mehr die Methode der Geisteswissenschaft, sondern die der „Fundamentalontologie", und zwar diejenige, durch die er das gemeine Seinsverständnis „zerstört" und „vollendet", um die Grundstruktur des menschlichen Daseins zu erklären. Dagegen, so scheint es, wird ein solcher Sinn der Hermeneutik nicht bei Kuki gefunden. Trotzdem kann der Einfluss von Heidegger m.E. in der Auffassung Kukis über den Zusammenhang zwischen „Erlebnis" und „Auslegung" erkannt werden. Kuki zufolge muss das „Erlebnis" bzw. „Erlernen" des „Sinnes" von Iki zuerst vorangehen, damit danach ihre „begriffliche Analyse" gemacht werden kann. Zwischen beiden gibt es „einen Spalt, den man nicht übersteigen kann."[26]

Damit ein Ausländer z.B., der noch nicht Iki erlebt hat, Iki wahrhaft verstehen kann, muss er, aus Anlass der begrifflichen Analyse, selbst Iki erleben. Aber die begriffliche Analyse liefert nicht nur den „Anlaß" zum „Erlebnis". Sie kann auch das „Erlebnis des Sinnes zu seinem begrifflichen Selbstbewußtsein führen."[27]

Auch bei Heidegger muß der „Sinn" der Welt zuerst „als etwas verstanden", d.h. „ausgelegt" werden, ohne durch Sprache ausgedrückt zu werden. Denn als „abkünftiger Modus der Auslegung" ergibt sich die „Aussage". Aber durch die Aussage wird der Sinn der Welt vom „zuhandenen" zum „vorhandenen" verändert. In diesem Sinn gibt es einen Spalt zwischen der vorsprachlichen Auslegung und der Aussage. Trotzdem erhält diese Aussage als eine besondere Weise des In-der-Welt-Seins noch die Funktion, „als Wissenschaft die Führung über das In-der-Welt-Sein" zu „übernehmen".[28] Obwohl die Hermeneutik Kukis nicht ganz der Heideggers

---

[26] Vgl. op. cit., S. 74
[27] Vgl. op. cit., S. 74 - 75
[28] Vgl. op. cit., S. 62, S. 153 ff.

gleich ist, wird sie deswegen unter Einfluss dieser Auffassung des Zusammenhangs zwischen der vorsprachlichen Auslegung und der Aussage konzipiert.

In welchem konkreten Sinn wird die besondere Seinsart der Japaner nun in Iki ausgedrückt bzw. ausgelegt? Zuerst wird die „Bitai" [媚態; Koketterie] als die „materielle Ursache" von Iki angegeben. Sie ist die „dualistische Haltung, in der das monistische Selbst sich dem anderen Geschlecht entgegensetzt, um ein mögliches Verhältnis zwischen beiden zu konstruieren."[29] Aber wenn „das gespannte Verhältnis durch die Vereinigung beider verloren wird", geht diese Koketterie auch verloren.[30] Deswegen ist die „dualistische Haltung" notwendig in Iki, durch die die Vereinigung beider Geschlechter nicht erreicht wird. Aber die Koketterie selbst kann auch durch die andere Sprache (z.B. „coquet" auf Französisch) ausgedrückt werden, so dass sie nicht eine ganz dem Japaner eigentümliche Haltung ist. Iki ergibt sich, erst wenn die „japanisch eigene, formale Ursache" zu dieser allgemeinen „materiellen Ursache" der Koketterie hinzugefügt wird.

Diese „formale Ursache" ist eine „Ikiji" [意気地]; Spröde] sowie ein „Akirame" [諦め ; Verzicht]. Einerseits stellt die „Spröde" das „starke Bewußtsein, dem anderen Geschlecht eine Art des Widerstands zu zeigen, dar, in dem das „Ideal von Bushido" am Leben ist.[31] Andererseits stellt der „Verzicht" die „Gleichgültigkeit" dar, „aus dem Beharren aufgrund der Einsicht über das Schicksal ausgetreten zu sein", hinter dem die „buddhistische Weltanschauung" liegt.[32] Das „Ideal von Bushido" und die „buddhistische Weltanschauung" sind Kuki zufolge nichts anderes als etwas, was die nationale Besonderheit Japans auszeichnet. Deshalb wird Iki schließlich als etwas aufgefasst, „in dem die Koketterie als die materielle

---

[29] Vgl. op. cit., S. 17
[30] Vgl. op. cit.,
[31] Vgl. op. cit., S. 18 - 19
[32] Vgl. op. cit., S. 21

Ursache ihre Seinsverwirklichung durch den moralischen Idealismus und die religiöse Unwirklichkeit als formale Ursache vollendet, welche die Kultur unseres Landes auszeichnet."[33]
Insofern wird die „dualistische Möglichkeit" der Koketterie, dass das monistische Selbst in der Beziehung zum anderen Geschlecht ohne Auflösung der dualistischen Möglichkeit stehen bleibt, in Iki gleichsam auf die japanische Weise vollendet. Kuki betrachtet diese dualistische Möglichkeit nicht nur als Eigentümlichkeit der japanischen Kultur, sondern auch noch gründlicher als Problem der Metaphysik, das nichts anderes als das Problem der „Zufälligkeit" ist. Denn sie bedeutet nach der Ansicht Kukis die „Berührung der heterogenen Pole, die die Notwendigkeit der Identität aufhebt" oder die „Setzung des Anderen gegenüber der Notwendigkeit des Einen."[34] Auch in dieser Beschäftigung mit dem metaphysischen Problem ist m.E. die Nähe Kukis zu Heidegger klar. Denn sie wird als ein „die Negation enthaltendes Sein" angesehen, weil sie „nicht den ausreichenden Grund in sich selbst hat",[35] während Heidegger auch in Sein und Zeit betont hat, dass der Mensch die Negation in seinem Sein enthält, wie er „nichtig" mit seiner Vergangenheit, Gegenwart und Zukunft und der absoluten Negation des „Todes" konfrontiert ist. In der Tat besteht der Kernpunkt der „Berührung der heterogenen Pole" auch darin, dass nicht zu berühren auch möglich sei, nämlich „nicht zu sein auch möglich sei."[36]

IV. Tanabe und Heidegger
Von Heidegger nahmen Watsuji und Kuki hauptsächlich, wie oben bereits erwähnt, die hermeneutische Methode auf, die sie in ihrer Intension bezüglich des Selbstverständnisses des

---

[33] Vgl. op. cit., S. 26
[34] Vgl. Kuki, Problem der Zufälligkeit, 1955, S. 320, 255
[35] Vgl. op. cit., S. 9
[36] Vgl. op. cit., S. 254 f.

Menschen oder zur Erklärung der Eigentümlichkeiten der japanischen Kultur angewandt haben, während sie seine philosophische Aufgabe, nämlich seine Ontologie, vernachlässigt haben. Im Gegensatz dazu hat Tanabe die ontologische Unternehmung Heideggers hoch geschätzt, und hat dagegen vielmehr Kritik an seiner hermeneutischen Methode geübt.[37] In welchem Sinn hat Tanabe also die Aufgabe der Philosophie überhaupt aufgefasst?

Nach seiner Ansicht in der *Einführung in die Philosophie (1932)* ist Philosophie der Weg, auf dem man sich das „Leben" durch „Denken" bewusst macht. Das Leben stellt nicht nur die Welt der Lebewesen wie Pflanzen und Tiere dar, sondern auch die menschliche Welt, d.h., das bewusste Leben. In diesem Leben gibt es die „Einheit" der „Entgegengesetzten" wie des Subjektes und seiner Umwelt.[38] Um das Leben aufzufassen, beginnt das Denken mit dem „Begriff", geht durch das „Urteil" hindurch und gelangt zum „Schluss". Durch den Begriff kann man schon die Sinnlichkeit übersteigen, um das nicht in der Wirklichkeit zu findende (Allgemeine, Ganze) zu erreichen, damit man daraus wieder zur Wirklichkeit kommen und sie als Wissenschaft begreifen kann. Im Begriff ist also die Bewegung der „Negation der Negation" enthalten.[39] In dieser Auffassung des Lebens durch die Logik selbst gibt es zwei Stufen: Eine ist die „Wissenschaft", die nur auf der Hypothese basiert. Die andere ist die

---

[37] Tanabe hielt sich in Europa, hauptsächlich in Deutschland (Freiburg und Berlin) von 1922 bis 1924 auf. Indem er dann später Kant und Hegel intensiv unter dem tiefen Einfluss von Nishida untersucht hatte, hat er seine eigene Ontologie, d.h. die „Logik der Spezies", entworfen, wobei er sich auch mit dem Buch *Sein und Zeit* von Heidegger auseinandersetzte. Hier behandle ich nur diese Auseinandersetzung Tanabes mit dem frühen Heidegger. Noch später hat er seine Kritik an Heidegger vertieft, wobei er diesen Gedanken auch in seiner späteren Lehre wieder erwähnte, worauf ich hier jedoch nicht eingehen kann.

[38] Vgl. Tanabe, Logik der Spezies, hrsg. von M. Fujita, 2010, S. 31 – 34

[39] Vgl. op. cit. 14 ff.

„Philosophie", die das diese Hypothese begründende letzte „Ganze" erkennt.[40] Das durch Denken gedachte Allgemeine oder Ganze, das nicht direkt in der Wirklichkeit gefunden wird, liegt nach Tanabe ursprünglich im Moment des „Vorausberechnens" in der „Handlung."[41] Damit man vom Leben zur Philosophie kommt, muß man zugleich auf dem Standpunkt der Handlung, und zwar derjenigen „moralischen" stehen, die gerade das Ganze erzielt.[42] Andererseits soll die Methode, mit der man es auffassen kann, weder die „mystische" noch die „reflexive" (die „ontologische" bei Aristoteles, die „erkenntnistheoretische" bei Kant und Husserl oder die „hermeneutische" bei Dilthey und Heidegger) sein, sondern die „Dialektik", die der „Einheit der Entgegengesetzten" im Leben entspricht.[43]

Dieses Ganze, in dem man sich des Lebens begrifflich bewusst wird, wird heute nach seiner Meinung in der *Logik des sozialen Seins (1934)* weder in der „rationalen Natur", wie in der griechisch klassischen Philosophie, noch im „Gott", wie in der mittelalterlichen christlichen Philosophie, noch im „Menschen", wie in der neueren Philosophie seit der Renaissance, gefunden, sondern nur in der „Gesellschaft."[44] Daher muss die moderne Philosophie die „Logik des sozialen Seins" vor allem erklären. Tanabe hat sie auch „Ontologie des weltlichen Seins"[45] genannt.

Tanabe zufolge gibt es drei Typen der Gesellschaft, nämlich die „Gemeinschaft" (die „geschlossene" Gesellschaft wie die „Totem"-Gesellschaft oder die Familie), die „Gesellschaft" (die bürgerliche Gesellschaft) und der „Staat" (die „offene" Gesellschaft).[46] Die erste enthält die „Logik der Spezies", die

---

[40] Vgl. op. cit., 12
[41] Vgl. op. cit., 36
[42] Vgl. op. cit., 43
[43] Vgl. op. cit., 67 ff.
[44] Vgl. op. cit., 11
[45] Vgl. op. cit., 303
[46] Vgl. op. cit. 66 ff.

zweite die „Logik des Individuums" und die dritte die „Logik der Gattung". Obwohl jede einzelne Logik auf einer anderen Dimension als die der beiden anderen basiert, besteht sie nicht allein, nämlich nicht in ihrer „Unmittelbarkeit", sondern ist das Resultat der Negation der beiden anderen, d.h., sie ist in ihrer „Mittelbarkeit". Das „Individuum" entsteht, wenn es sich von der „Spezies" als seinem Mutterleib loslöst. Die „Gattung" entsteht, wenn das Individuum sich negiert. Die „Spezies" entsteht, wenn die Gattung sich entäußert. Deswegen ist jede der Vermittler zwischen den anderen beiden. Als Ganzes machen sie einen Zirkel aus, der die „absolute Vermittlung" genannt wurde. Paradigmaweise bezeichnete Tanabe diese Vermittlung auch die ‚Logik der Spezies', weil die Spezies gerade eine „Mitte" zwischen dem Individuum und der Gattung darstellt.[47] Die drei Dimensionen dieser ‚Logik der Spezies' wurden im Konkreten wie folgt erklärt.

In der Gemeinschaft ist ein Individuum noch nicht unabhängig von der Gruppe, sondern blutverwandt mit ihr. Dementsprechend hat das Besondere in der Logik der Spezies an dem Allgemeinen teil.[48] Das Individuum wird durch den „Willen zum Leben" der Gruppe beherrscht, so dass es nicht der Bestimmung von diesem widerstehen kann. In der Gesellschaft wird das Individuum dann unabhängig von der Gruppe: Es benimmt sich „frei" mit dem „Willen zur Wahl", so dass es den „Willen zur Macht" besitzt, der im Gegenteil die Anordnung von der Gruppe usurpiert.[49] Dementsprechend existiert das Individuum in der Logik des Individuums selbständig neben dem Allgemeinen. Deswegen besteht das Individuum nicht gleichsam an der äußersten Grenze der ersten Dimension, in der man kontinuierlich vom Allgemeinen zum Besonderen heruntergeht. Vielmehr entsteht es erst in der zweiten Dimension, in der die zwei Mächte gegeneinander

---

[47] Vgl. op. cit., 147, 331
[48] Vgl. op. cit., 76
[49] Vgl. op. cit., 108

streiten, oder in der Weise des „Zufalls", so dass das Allgemeine „sein" kann und zugleich „nicht sein" kann.[50] Und ein „Einzelnes" ist nichts anderes als das in der „objektiven" Welt projizierte „Individuum."[51] Im Staat werden das Individuum und die Gemeinschaft durch die Selbstnegation des Individuums in Synthese gebracht. Auf der Basis der Freiheit des Individuums wird die Einheit der Gemeinschaft geschaffen, in der alle Menschen gleich existieren. Dementsprechend werden die Spezies und das Individuum in der dritten Dimension, der Gattung, in Synthese gebracht: Die beiden werden dort sowohl negiert wie affirmiert. Diese Gattung wird auch ein „absolutes Nichts" oder „Kuh" [空 ; Leeres] (ein buddhistisches Wort) genannt, weil etwas in Kuh in seiner Bestimmtheit negiert und zugleich im ganzen Zusammenhang affirmiert wird.[52] Deswegen gibt es eine Gemeinsamkeit zwischen Staat und Religion. Obwohl Einzelnes eine Sünde begeht, kann es dort erlöst werden. Der Staat ist nichts anderes als der Staat des „Bodhisattwaa."[53] Das Individuum muss an diese Erlösung glauben und in dieser Richtung handeln, nämlich auf dem Standpunkt der Moralität stehen. Aber die Moralität ist nicht der formale, subjektivistische Standpunkt wie bei Kant, sondern der inhaltsvolle soziale Standpunkt des „wahren Gewissens", dass das Individuum ein Mitglied des Staates sein sollte.[54]

In der Bildung dieses Gedankens hat Tanabe die Einflüsse von den verschiedenen neueren und modernen, europäischen und japanischen Philosophen aufgenommen, die er zugleich kritisch in Synthese gebracht hat. Insoweit er vom vorlogischen „Leben" ausging, berief er sich auf die Lebensphilosophie von Schopenhauer, Dilthey und Bergson. Aber er hat

---

[50] Vgl. op. cit., 95 ff.
[51] Vgl. op. cit., 96
[52] Vgl. op. cit., 126
[53] Vgl. op. cit., 131
[54] Vgl. op. cit., 167

auch Kritik an diesen Philosophen geübt, inwiefern sie in der „Unmittelbarkeit" des „Erlebnisses des Lebens" oder im „Irrationalismus" verblieben, so dass der „Strom des Lebens" nicht als ein bewusster Gegenstand des Individuums wahrgenommen wurde. Was den die Einheit des Lebens aufhebenden Standpunkt der „Freiheit" des Individuums angeht, steht Tanabe unter dem Einfluss vom „Willen zur Macht" bei Nietzsche. Insofern dieser doch die Seite verlor, dass die Freiheit des Individuums von dem „Substrat" des Lebens vermittelt wird, hielt er den Gedanken Nietzsches für „mystisch".

Dadurch, dass er die Synthese von „Leben" und „Logik", „Spezies" und „Individuum", „Substrat" und „Subjekt" behauptet und schließlich die „absolute Vermittlung" oder den „Schluss" von „Spezies", „Individuum" und „Gattung" fordert, wird der Einfluss der „Dialektik" von Marx und Hegel deutlich. Aber in Hegels Dialektik findet er auch die Tendenz der „Emanantionslehre",[55] nämlich, dass man kontinuierlich vom Allgemeinen zum Besonderen geht. Hegel scheint daher, nicht genug die „Vermittlung von dem Substrat" zu beachten. Er übt auch Kritik daran, dass Hegel die Dialektik auf dem Standpunkt der „Kontemplation" statt dem von der Praxis darstellte. Dagegen erkennt er das Verdienst von Marx darin an, dass dieser das „Substrat" in der „Dialektik von Produktionskraft und Produktionsverhältnisse" fand.[56] Aber nach Ansicht Tanabes wurde dieses Substrat als „unabhängige Substanz" statt als „negatives Moment der Vermittlung" bei Marx angesehen. Somit ging die „Subjektivität des selbständigen Individuums" verloren, so dass die „Gattung" als die negative Einheit von Individuum und Spezies, d.h. die „absolute Ganzheit des Staates" auch vernachlässigt wurde.[57]

---

[55] Vgl. op. cit., 275
[56] Vgl. op. cit., 275
[57] Vgl. op. cit., 276

Tanabe übt Kritik am Verständnis der Dialektik bzw. des „absoluten Nichts" ebenso wie an der „Philosophie des Nichts" von Nishida.[58] Laut Tanabe bedeutet die Dialektik im Allgemeinen die „Einheit der Entgegengesetzten". Also vermittelt sie z.B. das „Sein" und das „Nichts". Dabei ist der Vermittler selbst weder „Sein" noch „Nichts", sondern das „absolute Nichts". Nishida verstand dieses „absolute Nichts" doch als einen „Ort", in dem das „bestimmte" Individuum entsteht. Das „bestimmte" Individuum entsteht erst dadurch, dass das „absolute Nichts" „sich bestimmt". Aber durch diese Ansicht wird das „absolute Nichts", nach Tanabe, wieder als ein „Sein" angesehen, so dass die Dialektik gleichsam „nichtdialektisch" aufgefasst wird. Sie ist nichts anderes als eine „Emanationslehre", nach der das wirkliche Individuum kontinuierlich von dem „absoluten Nichts" ausfließt, das unmittelbar ist.

Das „absolute Nichts" soll nicht unmittelbar, sondern mittelbar sein: Es entsteht erst dadurch, dass man das unmittelbare „Sein" „negiert". Aber dieses negierte „Sein" als Voraussetzung des „absoluten Nichts" selbst soll auch ein „Vermitteltes" sein, das durch die „Selbstentäußerung" des „absoluten Nichts" selbst entsteht. Am Ende besteht es dadurch, dass es das sich durch seine „Selbstentäußerung" ergebende „Sein" „negiert". Es entäußert sich, um sich zu wiederholen. Dadurch „vermittelt es sich mit sich selbst". Diese Bewegung nannte Tanabe die „absolute Vermittlung" oder die „absolute Negation."[59] Sie wird nicht durch „Anschauung" wie bei Nishida aufgefasst, sondern erweist sich durch „Handlung".

Fragwürdig ist nicht nur das „absolute Nichts", sondern auch das „Individuum" bei Nishida. Das Individuum soll nicht als Resultat des kontinuierlichen Stroms vom Allgemeinen (dem absoluten Nichts) her entstehen. Es mangelt dieser Ansicht

---

[58] Vgl. op. cit., 366 ff.
[59] Vgl. op. cit., 374

am Verständnis des „Individuums", das die die Spezies negierende „Ichheit" hat. In diesem Gedanken der Ichheit des Individuums, das die Spezies als seinen Mutterleib negiert, teilt Tanabe vielmehr die Meinung von Schelling in seiner *Freiheits*-Schrift (1809),[60] nach der die „Freiheit" und das „Böse" des Menschen erst dadurch entstehen, weil sie im Menschen auf der Einheit der „Natur in Gott" basieren, um dann unabhängig von ihr zu werden.

Somit kann man sagen, dass Tanabe das Substrat oder das Leben (Schopenhauer, Dilthey, Bergson) und das Subjekt oder den Willen zur Macht (Nietzsche) durch die Dialektik oder den Schluss (Hegel) in eine Synthese brachte. In dieser Vermittlung ist das Individuum ein Moment, das existiert und zur Klärung dieser Existenz berief er sich auf Schelling.

Seine hohe Schätzung des ontologischen Versuchs Heideggers sowie seine Kritik an seiner hermeneutischen Methode wurden gerade von diesem dialektischen Standpunkt aus vollzogen. Wie oben erwähnt fasst die Philosophie nach Tanabe das „Ganze" als das bewusste „Leben" auf, aber Dilthey blieb in der Unmittelbarkeit des „Lebens", während Heidegger es überstieg, um das „Ganze" zu erreichen. Der Mensch ist, so Heidegger, im alltäglichen Leben durch das „Nichts" beschränkt, das er doch das Bewusstsein seines Todes übersteigen kann. Somit konnte Heidegger eine „Metaphysik" in dem Sinne unternehmen, dass er das „ganze Selbstbewusstsein des menschlichen Seins" vollzog. Tanabe schätzt ihn daher besonders hoch ein, weil er durch die „Transzendenz" der „Endlichkeit" „auf dem Standpunkt der Unendlichkeit stand", sich also „in der höchsten Nähe von der Dialektik" befand.[61]

---

[60] Vgl. op. cit., 148
[61] Vgl. op. cit., 109 - 113

Insofern diese Transzendenz doch hauptsächlich nur eine „immanente Transzendenz"[62] bleibt, nämlich nur in der Dimension der „Zeitlichkeit" innerhalb des individuellen „Subjekts" vollzogen wird, wird die Dimension des „Raums" als des Seins des „Substats" vernachlässigt. Deswegen ist seine existentiale Ontologie so „abstrakt", dass man nicht das wahre Ganze erlangen kann. Dieses Defizit wird von der „hermeneutischen Methode" verursacht, durch die man die Einheit der Entgegengesetzten wie Inneres und Äußeres allein von der innerlichen Seite her sieht.[63] In der Kritik des Gedankens der Transzendenz bei Heidegger, nämlich dass es ihm am Moment des Raumes mangelt, gibt es gerade eine Gemeinsamkeit zwischen Tanabe und Watsuji. Tanabe betonte nicht nur die räumliche Transzendenz wie das Klima („Fudo") bei Watsuji, sondern er bezog auch die Relation zwischen dem Raum und der Zeit in die Erklärung mit ein. Laut Tanabe kann „die das Ich transzendierende Einheit des zeitlichen Horizontes" eigentlich nicht nur mit dem „Nebeneinandersein der äußerlich gegeneinander Seienden" im Raum getrennt werden, wie Hegel sagte. Zeit und Raum sind miteinander verbunden, wie im oben erwähnten Zusammenhang zwischen dem Individuum und der Spezies: Einerseits entsteht die diskontinuierliche Zeit als „Für sich Sein" des kontinuierlichen Raums. Andererseits entsteht der Raum durch die „Selbstentäußerung" der Zeit.[64] Diese sich vermittelnde Einheit ist nichts anderes als die „Welt".
Aber die Welt bei Heidegger wurde, so Tanabe, nur in der der Zeitlichkeit mangelnden „verfallenden" Weise wie z.B. in der „Umwelt" oder „Mitwelt" aufgefasst.[65] Andererseits, obwohl das Moment der „Negation des Individuums" im Selbstbewusstsein des eigenen Todes in der Dimension der

---

[62] Vgl. op., cit., 321
[63] Vgl. op., cit., 115
[64] Vgl. op., cit., 297 ff.
[65] Vgl. op., cit., 293

Zeitlichkeit erkennbar ist, stellt es bloß das „Leere als Prinzip der einfachen Negation" dar, das nicht die „positive Kraft" der oben erwähnten „absoluten Negation" hat. Insofern funktioniert diese Negation auch nicht in der Dimension des „Staates", in der das Individuum negiert und affirmiert wird. Auch eine Dimension der „Ewigkeit", die die Zeitlichkeit in sich entstehen lässt, ist nicht denkbar. Daher kann die „Geschichte" nicht im Konkreten aufgefasst werden, in der die Welt sich zwischen Ewigkeit und Zeitlichkeit bewegt.[66] Wenn es ihm auch um die „zeitliche Struktur der Geschichte" geht, ist eine „Geschichte ohne Substrat" keine Geschichte.[67] Hiermit bleibt das Selbstbewusstsein des menschlichen Seins bei Heidegger das des bloß „möglichen" Seins des subjektiven Individuums. Daher erreichte er nicht die konkrete wirkliche Ontologie.

Die Modernität des Gedankens von Heidegger wird, wie oben erwähnt, vor allem im Ansatz der „Transzendenz" gefunden, in dem er den dem Bewusstsein immanenten Standpunkt der neueren Philosophie überstieg, um das nicht durch das Bewusstsein vorgestellte „Sein" als solches zu betrachten. Tanabe schätzte auch diesen Ansatz hoch ein, insofern Heidegger die Unmittelbarkeit des alltäglichen Lebens überstieg, um die totale eigentliche Seinsweise des Menschen zu erreichen. Aber er fand die Ontologie Heideggers darin als ungenügend, dass die Transzendenz wieder im möglichen zeitlichen Sein vom subjektiven Individuum ausgelegt wird, statt sie vom dialektischen, praktischen Standpunkt aus zu betrachten, der sich in den wechselseitigen Beziehungen zwischen dem Substrat (Raum, Gemeinschaft), dem Subjekt (Zeit, Individuum) und dem Staat realisiert.

---

[66] Vgl. op. cit., 114
[67] Vgl. op. cit., 294

Günther Seubold
„Als der West war durchgekostet, hat er nun den Ost ..."
Martin Heideggers Begegnung mit der ostasiatischen Kunst

Wollt ihr kosten
Reinen Osten.
Müßt ihr gehen von hier zum selben Manne,
Der vom Westen
Auch den besten
Wein von jeher schenkt' aus voller Kanne.
Als der West war durchgekostet,
Hat er nun den Ost [...].
(Friedrich Rückert, Östliche Rosen)

Das Gehen auf Holzwegen, die plötzlich vor dem Wildwüchsigen enden: vor dem Unbegangenen, vor dem man steht und sich fragt, ob man denn weitergehen oder doch lieber den Rückweg, Rückzug, antreten wolle, war ihm vertraut wie kaum einem der Philosophen. Dieses suchende Gehen war ihm wichtiger als das Begehen und Befestigen von Trampelpfaden oder gar Heerstraßen der allgemeinen, der, mit Nietzsche, *gemein* gewordenen Bildung. Magisch wurde er, Martin Heidegger, von diesen Holzwegen angezogen, wohl wissend, was er in einem Satz „Aus der Erfahrung des Denkens" festhielt, dass, wer groß, d.h. ungeschützt-neu denkt, auch in der Gefahr steht, groß zu irren: sich im weglosen Dickicht des Unbegangenen zu verheddern und sein schönes Gewand zu zerreißen.

Auch Heideggers kunstphilosophischen Gang in den Osten darf, muss man so einen Holzweg nennen. Er endet nicht nur im Unbegangenen – er liegt zudem im Dunkeln. Fragwürdig scheint, ob seine Versuche hier überhaupt noch „Weg" genannt werden dürfen. Daher kann über diese Versuche nicht abstrakt, nicht aus der Beobachterperspektive befunden werden. Hier muss man, und hier in besonderem Maße, sich der Mühe des Fährtenlesens und Nachspürens unterziehen. Nur dann kann man etwas „sehen" und kann allem zuvor den

Weg, die Fragwürdigkeit des Weges erfahren. Dann wird man freilich auch gewahren, dass solch ein Nachgehen nicht weniger fragwürdig ist als das Vorgehen, weil das „Nach" hier einen anderen Sinn als bei einem begangenen und ausgetretenen Weg annimmt.
Bei diesem so verstandenen Nachgang ist zunächst zu eruieren, was Heidegger unter „ostasiatischer" Kunst versteht, wie weit oder eng er diesen Begriff fasst, was konkret er an ostasiatischer Kunst gekannt, was er erfahren hat. Wichtig in diesem Zusammenhang ist auch, dass man sich Heideggers Interpretationsziel vergegenwärtigt (Punkt 1). In Punkt 2 ist darzulegen, dass Heidegger die Wesensbestimmung ostasiatischer Kunst *ex negativo* findet: durch Kritik an und in Absetzung von der abendländischen Kunst. Danach (Punkt 3) wird dieses von Heidegger erfragte Wesen durch Differenzierung seiner Strukturmomente erörtert. In drei abschließenden Punkten (4, 5, 6) schließlich ist auf die Problematik der Heideggerschen Interpretation einzugehen.

1. Interpretationsziel und Begriffsumfang „ostasiatischer" Kunst
Über den Heidegger'schen Interpretationsversuchen ostasiatischer Kunst hängt das Damoklesschwert der metaphysisch-ästhetischen, also europäischen Begrifflichkeit. So wenigstens hat er es selbst empfunden. Und sogar eine Art warnendes Beispiel konnte er anführen: die Versuche des japanischen Philosophen Kuki, der das „Wesen der japanischen Kunst" mit „Hilfe der europäischen Ästhetik" zu betrachten suchte. (USpr 86)
Kuki stellt – mit dem Begriffspaar „Sinnliches Scheinen – Übersinnliches" – für Heidegger das Wesen der japanischen Kunst europäisch dar, er denke gewissermaßen das *europäische Wesen* der japanischen Kunst. Dies erweckt bei Heidegger den Verdacht, „dass auf diesem Weg das eigentliche Wesen der ostasiatischen Kunst verdeckt und in

einen ungemäßen Bezirk verschoben" wird. (USpr 102) Demnach ist hier der von Heidegger auch auf anderen Feldern diagnostizierte metaphysisch-wissenschaftlich-technische Imperialismus Europas am Werk: jene Übervorteilung der ‚Rest-Welt', die sich so schnell und ohne große Widerstände diesen Imperialismus, wie im Fall Kuki, zur eigenen Sache macht, indem sie den „europäischen Begriffssystemen ... nachjagt." (USpr 87) Und Heidegger war ehrlich genug, auch seine in deutscher Sprache geführten Unterredungen mit Kuki davon nicht ganz auszunehmen: „Die Sprache des Gesprächs zerstörte fortgesetzt die Möglichkeit, das zu sagen, was besprochen wurde." (USpr 89)

Das will Heidegger nun aber vermeiden: Ziel der Interpretation soll sein, „das ostasiatische Wesen der japanischen Kunst ... zu erfahren und zu denken." (USpr 101) Damit aber wird sogleich die Frage aufgeworfen, was konkret – vor aller *Wesens*erfahrung – Heidegger an einzelnen ostasiatischen Werken erfahren hat. Denn zweifellos ist, um möglichst rasch beim Wesen selbst sein zu können, das Wegschieben des ‚bloß Empirischen' auch eine – vielleicht sogar grundlegende – imperiale Gebärde.

Denkwürdigerweise glaubte Heidegger „das Bezaubernde der japanischen Welt" in einem Produkt europäischer Technik wahrnehmen zu können: dem Kurosawa-Film „Rashomon" (vgl. USpr 104).[1] Diesen Film hat Heidegger selbst erfahren. Im „Gespräch über die Sprache", mit einem Japaner geführt, stellt sich nun aber heraus, dass dieser Film schon zu stark europäisiert ist, um durch ihn das Eigentümliche der japanischen Kunst zu erfahren. Was die japanische Welt „selber ist", (USpr 106) erfahre man dagegen im Nô-Spiel.

Ein solches aber hat Heidegger niemals gesehen, geschweige denn *erfahren*. Er kennt, wie er selbst sagt, nur „eine Schrift dar*über*." (USpr 104, im Original kursiv) „Sie müssten", sagt

---

[1] Vgl. auch Buchner (1989), 177

der Japaner zum Fragenden, d.h. zu Heidegger, „solchen Spielen beiwohnen." Das aber hat er nicht getan.
Neben dem Film „Rashomon" und dem bloß vorgestellten Nô-Spiel liebte Heidegger den Haiku-Dichter Bashô. So ist überliefert,[2] dass er Bashôs Wegerfahrungen „Oku no hosomichi" sehr geschätzt hat und dass auf seinen ausdrücklichen Wunsch hin der japanische Philosoph Tsujimura in Freiburg *privatissime* über Bashôs Dichtung und Leben referiert hat. Auch der japanische Germanist Tezuka musste ihm, während eines Gespräches, ein Haiku von Bashô vorlesen, aufschreiben und Wort für Wort erklären.[3] Heidegger selbst war des Japanischen nicht mächtig, was ja besonders für alles – grob gesprochen – Lyrische, wie im Falle Bashôs, ein gravierendes Manko ist.
Außerdem ist bekannt, dass ihn Hakuins Tuschbild „mama-no-tsugihashi" so sehr berührt hat, dass ihm Tsujimura für sein Haus in Freiburg eine Photographie, wiederum ein Produkt westlicher Technik, besorgen musste. Tuschbild-Originale hat er bei seinen Bremer und Münchener Besuchen, hier in der Sammlung Preetorius, gesehen. Bei japanischen und chinesischen Tuschbildern soll ihn vor allem das Zusammenspiel von Kalligraphie, diese vor allem unter dem Aspekt der Semantik der Zeichen verstanden, und Bild beschäftigt haben.[4]

Nô-Spiel, Bashôs Haiku-Dichtung und (Hakuins) Tuschmalerei sind nun aber stark vom Geist des Zen-Buddhismus geprägt. Und diese Dominanz des Zen-Buddhismus in Heideggers Beschäftigung mit der ostasiatischen Kunst fällt auch bei seinen schriftlich überlieferten Erörterungen auf: Sie wird belegt durch das mit dem Zen-Meister Hisamatsu veranstaltete

---

[2] Buchner (1989), 265
[3] Vgl. Buchner (1989), 174, 179. Übersetzung (mit Original) auch in: May (1989), 82 - 99
[4] Vgl. Buchner (1989), 264

Kolloquium,[5] die darauf folgende Unterredung,[6] das mit Tezuka geführte – und von diesem aus dem Gedächtnis protokollierte – Gespräch[7] und auch durch die auf dieses Gespräch bezugnehmende Heidegger-Schrift „Aus einem Gespräch von der Sprache". (USpr 83-155) Es ist dies natürlich von erheblicher Wichtigkeit, wenn man Heideggers Berührung mit der „ostasiatischen „ Kunst richtig beurteilen will. Wie die Begegnung Heideggers mit der ostasiatischen Kultur letztlich eine Begegnung mit dem Zen-Buddhismus ist,[8] so ist auch seine Interpretation der „ostasiatischen" Kunst eine Interpretation der zen-buddhistisch inspirierten und bestimmten Kunst.[9]

2. Die Wesensbestimmung ostasiatischer Kunst durch Absetzung von der abendländischen

Heidegger will bei seiner Wesensbestimmung ostasiatischer Kunst alle metaphysisch-ästhetische Überformung vermeiden. Und dies sucht er dadurch zu erreichen, dass er das genuin Ostasiatische an der ostasiatischen Kunst in ständiger

---

[5] Buchner (1989), 211 - 215
[6] Buchner (1989),189 - 192
[7] Buchner (1989), 173 – 180
[8] Vgl. hierzu Seubold, (1991) Dass Heidegger stark von Laotse angezogen wurde und Passagen aus dessen „Tao-Tê-King" sogar zu übersetzen suchte, widerspricht dieser Behauptung nicht, sondern bestätigt sie: Ist doch der Zen-Buddhismus dem Taoismus wesensverwandt; er steht ihm näher als dem populären „Religionsbuddhismus". Auch in den zen-buddhistisch inspirierten Künsten ist taoistischer „Einfluss" leicht nachweisbar. Vgl. hierzu Seubold, G.: (1995a,) insbes. S. 304. Zur Beziehung „Heidegger-Zen" allgemein vgl. Hempel, (1987)
[9] Damit ist natürlich nicht alle typisch ostasiatische Kunst erfasst, wohl aber einer ihrer Hauptstränge, wenn nicht der Hauptstrang. Es fehlen etwa die typisch „bürgerlichen" Aufführungskünste „Kabuki" und „Bunraku", die sich mit zenbuddhistischem Gedankengut nicht mehr adäquat verstehen lassen. Andererseits aber sind von Heidegger auch keine Äußerungen zu typisch zen-buddhistischen Künsten, wie etwa der „Teezeremonie" (cha-dô) oder dem „Blumenstecken" (ka-dô) überliefert. – Zur Platzierung und Gewichtung der Zen-Künste im Gesamt der japanischen Künste vgl. Seubold (1993b)

Absetzung von der abendländischen Kunst bestimmt. Er definiert die ostasiatische Kunst zunächst *ex negativo:* Er sagt, was alles sie nicht ist.

a. Darstellung, Bildhaftes, Gegenständliches
So heißt es in dem von Heidegger autorisierten Protokoll „Die Kunst und das Denken": „Die europäische Kunst ist in ihrem Wesen durch den Charakter der *Darstellung* gekennzeichnet. Darstellung, *Eidos,* Sichtbar machen. Das Kunstwerk, das Gebilde, bringt ins Bild, macht sichtbar. Statt dessen ist in der ostasiatischen Welt die Darstellung ein Hindernis, das Bildhafte, das sichtbarmachende Bild bedeutet eine Hinderung."[10]

Der Begriff *eidos* beseitigt letzte Zweifel, was Heidegger mit „Darstellung" meint: die metaphysische Orientierung am Seienden als Seienden, wie sie seit Platon und vor allem Aristoteles mit dem Begriff *mimesis* auch für das poetisch-ästhetische Denken maßgeblich geworden ist. Dabei darf der an der *mimesis* ausgerichtete Begriff „Darstellung" nicht zu eng gefasst werden: „Darstellung" meint nicht bloße Abschilderung eines schon Vorliegenden, sondern meint in seiner höchsten und eigentlichen Form das – wie Heidegger sagt – „Sichtbar machen", die sich erst durch die Kunst ins Bild setzende Wahrheit des Seienden. Das Seiende wird durch die Kunst, wie es Aristoteles am Beginn des ästhetischen Denkens aufs trefflichste dargelegt und Hegel am Ende aufs nachdrücklichste bestätigt hat, von allem bloß Akzidentellen befreit und ins Wesen gesetzt. Darauf vor allem nimmt Heidegger mit *eidos* Bezug.[11]

Das alles nun soll für die japanisch-ostasiatische Kunst nicht zutreffen. Sie stellt – im weiteren Sinne verstanden – zwar auch etwas dar und ist etwas Bildhaftes, doch dieses soll gerade – im Gegensatz zur abendländischen Kunst – nicht das

---

[10] Buchner (1989), 212 f.
[11] Zum Bildbegriff vgl. auch GA 53, 17 - 19

Wesen dieser Kunst ausmachen. Die Darstellung, das Bildhafte sei sogar eine „Hinderung", das Genuine dieser Kunst zu erfahren. Folgerichtig wird daher an „Rashomon" (s.o.) das „Massive der Darstellung" als nichtjapanisch kritisiert. Unter diesem metaphysischen Gesichtspunkt „Bild", Darstellung, *Eidos"* sind Photographie und Film – und allen „Photo"-und „Film-Ästhetikern" möchte man dies ans Herz legen – nichts wesenhaft Neues in der abendländischen Entwicklung, sondern Vollendung des früh konzipierten *eidos*-Charakters alles Seienden.

In diesem Zusammenhang fällt dann bei Heidegger auch immer wieder die Kategorie des „Gegenständlichen". Im Film werde „die japanische Welt ... in das Gegenständliche der Photographie eingefangen und eigens gestellt". (USpr 105) Das aber sei Teil der „Europäisierung der Erde und des Menschen" (USpr 103), der technischen Überrumpelung und Übervorteilung der Rest-Welt. Werde alle abendländische Ästhetik und Kunst vom Gegenständlichen getragen, so vollende sich dieses Gegenständliche aber doch erst in der neuzeitlichen „Subjekt-Objekt-Relation". (USpr 139) Im Horizont dieser Relation sei es gänzlich unmöglich geworden, das Wesen der ostasiatischen Kunst zu verstehen und zu erörtern; denn in der ostasiatischen Kunst werde „nichts Gegenständliches" hervorgebracht.[12]

b. Symbolische, Sinnbildliches

Das grundlegende metaphysisch – ästhetische Modell ist für Heidegger aber zweischichtig: Das sinnlich Wahrnehmbare lässt das Nichtsinnliche, das Übersinnliche, Geistige durchscheinen. Das Bild wird dadurch zum Sinn-Bild, das sinnlich Dargestellte wird zum Symbol – verstanden in einem weiten Sinn. Die dargestellte Maus meint nicht allein das abgebildete Tier, sondern fungiert zugleich als Mahnung an den Betrachter, vor Gier, Geilheit, Völlerei sich zu hüten; der dargestellte

---

[12] Vgl. Buchner (1989), 213

Blumenstrauß ist Zeichen der Vergänglichkeit, die dargestellte „realistische" Landschaft meint auch Unschuld und Unverderbtheit.

Auch der symbolische Charakter fehlt nach Heidegger der ostasiatischen Kunst. Das Bild bringt nicht nur nichts Gegenständliches hervor – „das Bild ist zugleich kein Symbol, kein Sinnbild."[13]

Das ist nun allerdings eine zum Widerspruch geradezu aufreizende Behauptung. Denn zunächst und zumeist gilt gerade die ostasiatische Kunst als die symbolische Kunst schlechthin – gleichviel ob es sich um Theater, Gemälde oder Gedicht handelt. Selbst Heideggers Gesprächspartner Tezuka schreibt in seinem Bericht „Eine Stunde mit Heidegger", dass die ästhetische Sensibilität der Japaner dadurch gekennzeichnet sei, dass sie ihren „konkreten Ausgang ... von ... dem sinnlichen Empfinden" nehme und das „in der sinnlichen Empfindung Erfaßte symbolischen Charakter bekommt."[14] Tezuka beschreibt in seinem Bericht das spezifisch Ostasiatische der ostasiatischen Kunst mit dem metaphysisch-ästhetischen Modell *aistheton-noeton*. Erst Heidegger setzt hier zu einer Differenzierung an, die Tezuka als Zitat überliefert: „Auch die platonischen Ideen sind etwas Metaphysisches, das durch das sinnliche Empfinden hindurch wahrgenommen wird. Bei Platon ist beides allerdings in zwei Bereiche getrennt. In Japan scheint es eher, als ob beide eins wären ..."[15]

Die Wendung „scheint es eher" bringt deutlich genug die Vagheit und Vorläufigkeit des Gemeinten zum Ausdruck. Und auch noch die auf den Besuch Tezukas zurückgehende Schrift „Aus einem Gespräch von der Sprache", für die Heidegger allein verantwortlich zeichnet, hebt hervor, dass die sich in der Sentenz „Ohne *Iro* (Phänomen, Farbe, Seiendes) kein *Kû* (Leere, Offenes, Himmel)" aussprechende typisch japanische

---

[13] Buchner (1989), 213
[14] Buchner (1989), 175
[15] Buchner (1989), 175

Erfahrung genau dem zu entsprechen scheint, „was die europäische, d.h. metaphysische Lehre von der Kunst sagt." (USpr 102)
Die Destruktion der ästhetischen Behauptung vom „symbolischen Charakter" ostasiatischer Kunst wird damit zum Prüfstein der Heidegger'schen Behauptung, die ostasiatische Kunst sei das andere zur abendländischen. Und nur wenn diese Destruktion gelingt, ist auch das Ziel der Heideggerschen Interpretation, das ostasiatische, d.h. nicht ästhetische Wesen der ostasiatischen Kunst zu eruieren, nicht von vornherein sinnlos.

3. Die ostasiatische Kunst als Weg in das gewährende Nichts
Heideggers Lösung des „Symbol-Problems" bei seiner Interpretation der ostasiatischen Kunst ist ein Philosophen-Kabinettstück ersten Ranges. Das Problem *musste* sich lösen; denn nichts Geringeres stand für Heidegger am Ende auf dem Spiel als die Rettung des Anliegens einer von ästhetischen Kategorien freien Interpretation. Denn hätte sich der ‚Symbol-Verdacht' als zutreffend erwiesen – die Universalität der metaphysisch-ästhetischen Kategorien wäre damit dargetan und die Heidegger'sche Suche nach dem Anderen der Metaphysik als sinnlos abgetan worden.
Natürlich war Heidegger von vornherein klar, *dass* man – und dies sogar ohne größere Mühe – die ostasiatische Kunst mit den europäisch-ästhetischen Kategorien sich aufschlüsseln und erklären kann. Denn der Subjekt-Objekt-„Rahmen", in den „alles Ästhetische" gehört, „ist so verfänglich, nämlich umgreifend, daß er auch noch jede anders geartete Erfahrung der Kunst und ihres Wesens einfangen kann." (USpr 140) Graf Kuki, der europäisierte Japaner, war hier für Heidegger warnendes Beispiel. Er erläuterte das Grundwort *Iki*, indem er „vom sinnlichen Scheinen" sprach, „durch dessen lebhaftes Entzücken Übersinnliches hindurchscheint." (USpr 101) Daher geht es Heidegger vor allem um die Frage, ob mit der

ästhetischen Betrachtung das Wesen der ostasiatischen Kunst erfasst oder eben nur etwas Richtiges festgestellt ist.
Für die Beantwortung dieser Frage war Heidegger weniger durch grundlegende Kenntnis und Erfahrung der ostasiatischen Kunst als durch das Gewahren der Grenzen abendländischer Kunst und Ästhetik vorbereitet. Auf diese Frage war er vorbereitet durch das Denken dessen, was das „Nicht zu allem Seienden" ist: durch das Denken des Seins – oder eben auch: des Nichts.
Mit diesem Denkweg im Rücken *musste* er geradezu von zen-buddhistischen Gedanken und von der zen-buddhistisch bestimmten Kunst angezogen werden. Er hatte aber auch das Glück des Tüchtigen, dass er von Fachleuten wie Suzuki, Tezuka, Hisamatsu besucht wurde, die *seine* Sprache, und nicht allein die deutsche, sprachen, mit denen er *seine* Fragen besprechen konnte.
Vor allem zwei Dokumente sind für seine Interpretation des spezifisch Ostasiatischen der ostasiatischen Kunst von Belang: die 1953/54 entstandene Schrift „Aus einem Gespräch von der Sprache" (USpr 83-155) und das von Heidegger und Hisamatsu autorisierte Protokoll eine Colloquiums am 18.5.58.[16]
Das eine Zeugnis interpretiert und korrigiert das andere, und sie können es nur, weil sie auf einer elementaren Ebene einander entsprechen.
Das genuin Ostasiatische der ostasiatischen Kunst ist in der Heidegger'schen Interpretation ein komplexes Geschehen. Um sich dieses Geschehen verständlich zu machen, ist angeraten – wie dies auch das Protokoll von 1958 nahelegt -, es in zwei Momente zu unterteilen.

a. Durchbruch zum Nichts: das Bild als Hinderung
Oben schon wurde die etwas merkwürdig anmutende Sentenz zitiert, dass in der ostasiatischen Kunst das „sichtbarmachende Bild ... eine Hinderung" sei. Dieser Satz wird ver-

---

[16] Vgl. Buchner (1989), 211 - 215

ständlich durch den grundlegenden Zug des Zen-Buddhismus, der auch die Zen-Kunst bestimmt: des „Ledigseins von aller formhaften Gebundenheit", des „Einbruchs in den Ursprung", verstanden als „Nichts".[17] Die seienden Dinge, zu denen auch das Kunstwerk zählt, drängen sich in den Vordergrund und verhindern so die Selbst-, d.h. Nichts-Erfahrung des Menschen. Dieses „Nichts", auch unter dem Namen „Sein" geführt,[18] ist ja bekanntlich einer der Haupttitel des Heideggerschen Denkens. Hinsichtlich der ostasiatischen Kunst taucht er nun auch unter anderen Namen auf: als „Leere" (USpr 106ff.), als „Schweigen" (USpr 152) oder als „Stille" (USpr 105,141); oder dies Nichts wird – auf die Bewegung des Schauspielers bezogen – als „Ruhe" (USpr 107) vorgestellt.

Es sieht nun zunächst so aus, als sei mit dieser „Leere" das für Heidegger Typische der ostasiatischen Kunst gefunden: Nicht das Bild, nicht das Seiend-Artikulierte ist das Wesentliche dieser Kunst, sondern das diesem Seienden zugrundeliegende Unsichtbare und Nichtartikulierte. Aber eben diesem Unartikulierten widersetzt sich die Kunst dadurch, dass sie nicht schweigen kann, sondern „etwas", einen Ton, ein Wort, einen Pinselstrich, von sich gibt, „etwas" als „seiend" setzt. Was also hat die Kunst mit dieser Leere zu tun, wenn das konkrete Kunstwerk eine „Hinderung" ist, in diese Leere, in diese Stille, Ruhe und in das Schweigen zu gelangen?

Hier setzt nun das zweite Moment des Kunstgeschehens ein.

---

[17] Darlegung von Hisamatsu; vgl. Buchner (1989), 212
[18] Wenngleich der Titel „Sein" vom späten Heidegger als ungemäße Bezeichnung der zu denkenden Sache verstanden wird, „denn eigentlich gehört dieser Name in das Eigentum der Sprache der Metaphysik" (USpr S. 109). – „Für uns (Japaner – G.S.) ist die Leere der höchste Name für das, was Sie mit dem Wort ‚Sein' sagen möchten ..." (USpr 109)

b. Anlass für die Bewegung zum Nichts: Das Bild als Ent-hinderung

„Solange der Mensch auf dem Weg zum Ursprung sich findet, ist Kunst als Darstellung des Bildhaften für ihn ein Hindernis. Wenn er aber in den Ursprung eingebrochen ist, dann ist die Sichtbarmachung des Eidetischen keine Hinderung mehr; sie ist dann vielmehr das Erscheinen der ursprünglichen Wahrheit selbst." (Hisamatsu) – „Das Geschriebene, Gezeichnete ist nicht nur Hinderung, sondern Ent-hinderung, Anlaß für die Bewegung des Selbst zum Ursprung." (Heidegger)[19]

Im adäquaten Vollzug dieses „hermeneutischen Zirkels" – mit dem Kunstwerk soll man in den Ursprung einbrechen; doch nur, wenn man bereits im Ursprung lebt, kann man das Bild als Anlass für die Bewegung zum Ursprung nehmen – soll das konkrete Kunstwerk ebensowenig selbstgenügsam für sich stehen, wie das in diesem Kunstwerk Dargestellte als Wesen des Seienden genommen werden soll. Das Bild, das auf dem Bild Dargestellte soll vielmehr ein „Anlass" sein, dass der Betrachter die Bewegung zum Nichts vollzieht.[20]

Und damit ist die Bedeutung des genuin japanischen Kunstbegriffs „gei-dô", „Kunst-Weg", artikuliert: „Die Kunst ist ein Weg, wie der Mensch in den Ursprung einbricht."[21] (Hisamatsu) Damit dies gelingt, muss die Kunst eine im Vergleich zur Alltagswelt ausgezeichnete Stellung innehaben. Darüber

---

[19] Buchner (1989), 213

[20] Anders als in der modern-abstrakten westlichen Kunst vollzieht sich die Absetzung von der darstellenden Kunst nicht über die abstrakt negative Verweigerungsgeste – etwa die leere Leinwand, das schwarze Bild oder das auf den Sockel gehobene alltägliche Ding. Solcher Gestus würde ja selbst – durch „Darstellung" des „Negativen" – „positiv" werden. – Es ist daher plausibel, wenn gelegentlich der Erörterung der ostasiatischen Kunst sofort auch die moderne, insbesondere „abstrakte" abendländische Kunst angesprochen und die Differenz zur ostasiatischen Kunst gesucht wird (vgl. Buchner (1983, 214). Zur Beziehung „moderne abendländische Kunst – Zen(-Kunst)" vgl. auch: Park (1989); Kellerer (1982); Müller-Yao (1985); Tobey (1958); Zen 49(1986)

[21] Buchner (1989), 212

hinaus muss dieser Kunst, damit sie dem Negativismus und der totalen Verweigerung wie der bloßen Darstellung des Seienden entgeht, aber auch selbst eine spezifische Verfassung eignen. Das Kunstwerk muss spezifische ästhetische Kriterien erfüllen, *damit* es ein Weg zum Ursprung sein kann. Und wenn Heidegger am Film „Rashomon" das „Massive der Darstellung" rügt, wenn er moniert, dass „die Darstellung vielfach zu realistisch ist" (Uspr 104f.), dann verweist er auf genau diesen Punkt: Mit dieser „Darstellung" lässt sich eben nicht in den Ursprung einbrechen, die Darstellung ist nicht „Anlaß" für den Gang in den Ursprung – und daher ist diese Art von Kunst kein „Weg" sondern steht selbstgenügsam in sich. Sie ist somit keine Enthinderung, sondern *nur* Hinderung.

Der Film hat aber auch, abgesehen davon, dass er nach Heidegger *als* Film alles in das Gegenständliche der Photographie einfängt und eigens stellt, „verhaltene Gebärden" (USpr 104) – und diese sind sozusagen der letzte Abglanz des genuin japanischen Nô-Spiels in „Rashomon".

Einzig zum Nô-Spiel liegen – bislang – konkrete Äußerungen Heideggers zur ostasiatischen Kunst vor. An einer für das Nô-Spiel typisch stilisierten Geste – des Hebens der Hand auf die Höhe der Augenbrauen als Be-deutung einer erscheinenden Gebirgslandschaft[22] – legt er den Bezug der konkreten künstlerischen Äußerung zum Nichts dar. Das Heben der Hand nennt er eine „Gebärde", deren Eigentliches darin zu suchen sei, dass sie „in einem selbst unsichtbaren Schauen ... sich so gesammelt der Leere entgegenträgt, daß in ihr und durch sie das Gebirge erscheint." (USpr 108) Die künstlerische Hand-

---

[22] Heidegger sagt nicht, welchem der ca. 200 Nô-Spiele des spielbaren Repertoires er diese Geste entnimmt. Diese Geste taucht in mehreren Stücken auf, so z.B. in dem Stück „Kumasaka", in dem der Hauptdarsteller (*shite*) nach einem Schwerttanz sein Schwert weglegt und die beschriebene Handbewegung vollzieht. Diese Gebärde kann aber auch mit dem – für die Nô-Technik äußerst wichtigen – Fächer ausgeführt werden.

lung „trägt" sich der Leere (alias: dem Sein) „entgegen"; die Leere aber „trägt" sich wiederum der Handlung „*zu*" (USpr 108) – und in diesem Geschehen von „Entgegentragen und *Zu*trag" (USpr 108) „erscheint" das Gebirge.[23]
Daher ist in dieser Kunst die „Leere ... nicht das negative Nichts", sondern sie lässt erscheinen und entspringen: „Verstehen wir Leere als Raumbegriff, dann müssen wir sagen, daß die Leere dieses Raumes gerade das Einräumende ist, das, was alle Dinge versammelt."[24]
Damit löst sich nun auch das für Heidegger maßgebliche und alles entscheidende ‚Symbol-Problem' der ostasiatischen Kunst. Die „Leere" spielt hierbei die entscheidende Rolle. Und obgleich durch den Bezug auf die Leere das Andersartige der ostasiatischen Kunst gegenüber der abendländischen – zumindest der gegenständlichen – dargetan ist, so ist damit aber noch nicht der ‚Symbol-Verdacht' aus der Welt geschafft. Er drängt sich damit fatalerweise sogar in den Vordergrund.
So schreibt denn auch Tezuka in seinem Gedächtnisprotokoll: „Der vorhin erwähnte Symbolcharakter der japanischen Kunst geht letztlich darauf, diese Leere zu symbolisieren."[25] Das hätte mit Sicherheit Heideggers Widerspruch hervorgerufen. Aber auch Hisamatsus Formulierung dieser Beziehung von Leere und Dargestelltem ist nicht ganz im Heidegger'schen Sinne und daher zumindest noch klärungsbedürftig: „Die Schönheit eines Kunstwerkes im Zen liegt darin, daß das Formlose an einem irgendwie Bildhaften zur Anwesung kommt. Ohne diese Anwesung des formlosen Selbst am

---

[23] Damit ist auch das unterschiedliche Ziel der Stilisation in Ost und West bezeichnet: Im Westen soll das „Eigentliche", das „Wesentliche" des Seienden herausgearbeitet werden - die Stilisation führt auf das Seiende zurück; im Osten dagegen soll die Stilisation gerade vom Seienden weg- und auf das alles Seiende gewährende Nichts hinführen.
[24] Buchner (1989), 213; vgl. auch: Die Kunst und der Raum 13, 203 - 210, hier: 209
[25] Buchner (1989), 176

Formhaften ist das Zen-Kunstwerk unmöglich."[26] Das Formlose, die Leere, das Nichts, kommt im Bildhaften nicht irgendwie zur „Anwesung" oder wird durch dieses gar symbolisiert: Die Leere ist nach Heidegger vielmehr das Einräumende, dem alles Bildhafte und Artikuliert-Seiende entspringt. Und damit lässt sich dann auch das *Iki* nichtsymbolisch, d.h. nichtmetaphysisch interpretieren. Nach Heidegger erläuterte Kuki das Grundwort *Iki*, indem er „vom sinnlichen Scheinen" sprach, „durch dessen lebhaftes Entzücken Übersinnliches hindurchscheint." (USpr 101) Kuki erläuterte also durch das metaphysische Modell *aistheton-noeton*. Heidegger aber führt *Iki* auf das gewährende Nichts bzw. die gewährende Stille zurück: „*Iki* ist das Wehen der Stille des leuchtenden Entzückens", sagt der Japaner, und der „Fragende" verdeutlicht: „Das Entzücken verstehen Sie dann wörtlich als Entziehen, Hinzücken – nämlich in die Stille." (USpr 141)[27]

4. Die Interpretation ostasiatischer Kunst im Horizont der Spätphilosophie

Bei dieser Interpretation belässt es Heidegger aber nicht. Allem vorweg gibt er hier zu denken, dass sich seine Äußerungen zum Nô-Spiel in einer Schrift mit dem Titel „Aus einem Gespräch von der Sprache" finden, die zudem in dem Sammelband „Unterwegs zur Sprache" veröffentlicht wurde. Doch gibt dies genau den Ort und Stellenwert wieder, den die ostasiatische Kunst (und nicht nur diese, sondern ebenso die Kunst Cézannes und Klees) im Denken des späten Heidegger einnimmt. Es geht ihm um das Sein bzw. um die auch mit an-

---

[26] Buchner (1989), 214

[27] Dass Iki zunächst - und unzureichend, weil missverständlich - mit das „Anmutende" (USpr 140) übersetzt wird, könnte man als mehr oder weniger dezenten Hinweis auf die von Heidegger erwähnte Studie Oscar Benls verstehen, in der der grundlegende Begriff des Nô-Spiels, *yûgen*, mit „Anmut" übersetzt wird. Vgl. Benl (1953), 119

deren Worten (Leere, Nichts, Ereignis ...) bezeichnete Sache. Und „nur" in dieser Hinsicht kommt die ostasiatische Kunst für Heidegger in Betracht.

Mit dieser Kunst und durch diese Kunst versucht Heidegger jenes (in Heidegger'scher Terminologie: Jenes) zu erreichen, das er auch mit der Besinnung auf Sprache und Technik erreichen will: die Zurücknahme des Seienden und des Seins in den ermöglichenden „Grund": das „Ereignis".

Daher musste ihm die ostasiatische Kunst, und das kann für ihn auch aus diesem Grunde nur heißen: die zen-buddhistisch inspirierte Kunst, wie gerufen erscheinen. Denn selbstverständlich war schon vor Heideggers Interpretation bekannt, dass in ihr, wie auch aus ihrem theoretischen Selbstverständnis hervorging, der Bezug zum Nichts und die Negation des sich zum Absoluten aufspreizenden „Seienden" konstitutiv ist. In der ostasiatischen Kunst geschieht – dies nun die Heideggersche Formulierung – „der Abschied von allem ‚Es ist'"(USpr 154), weil hier alles Dargestellte, alles Seiende das aus der Leere Gewährte ist und kein an sich seiendes Faktum.[28]

In dieser Hinsicht ist es dann auch weniger verwunderlich, dass der japanische Begriff *Iki*, der im „Gespräch von der Sprache" zunächst so eingeführt wird, dass mit seiner Hilfe „das Wesentliche der ostasiatischen Kunst und Dichtung" (USpr 89) gesagt werden soll, als „das reine Entzücken der rufenden Stille" (USpr 142) verstanden wird[29] – und zugleich

---

[28] Dieses (metaphysische) „Es ist" darf freilich nicht mit dem „Es ist" der dichterischen Sprache Trakls, Rimbauds, Rilkes und Benns verwechselt werden, das im Seminar zum Vortrag „Zeit und Sein" erörtert wurde. Vgl. ZSD 42 f.

[29] Ob diese Bestimmung etwas trifft am Phänomen des mit *Iki* Bezeichneten, darf bezweifelt werden. *Iki* ist einem anderen kunst- und kultursoziologischen Horizont zuzuordnen als *die* Kunst, von der Heidegger spricht (Nô, Haiku, Zen-Malerei), nämlich dem bürgerlichen. Die bürgerliche Kultur gründet zwar in der zen-buddhistisch inspirierten Kunst der Feudalklasse, setzt sich aber auch nachdrücklich von dieser ab. Wie den

gesagt wird, dass „*alles* Anwesen seine Herkunft in der Anmut im Sinne des reinen Entzückens der rufenden Stille" habe. (USpr 141, Hervorhebung G.S.) Die Herkunft des Anwesens und des Seins aus dem Nichts und Ereignis zu denken ist das Grundanliegen der Heidegger'schen Spätphilosophie, nicht nur seiner Interpretation der ostasiatischen Kunst: Alles ist aus der Stille gewährt, und *alles* kann – auch nach zen-buddhistischer Vorstellung – Anlass sein, in den Ursprung zu gelangen. Die Differenz der Kunstwerke zu allen übrigen Dingen besteht eben „nur" darin, dass sie *eigens,* durch das ihnen Charakteristische, in den Ursprung einzuführen vermögen.

Natürlich wüsste man von Heidegger gerne, welche (ästhetischen) Kriterien es denn nun sind, die die ostasiatischen Kunstwerke von den alltäglichen Dingen und auch von den abendländischen Kunstwerken unterscheiden. Stattdessen aber wird das *Iki* auf *Koto ba* – Sprache – zurückgeführt.[30] Und Heidegger lässt dann mit der Übersetzung von *Koto* als „das Ereignis der lichtenden Botschaft der Anmut" (USpr 142) keinen Zweifel daran, dass er die Interpretation ostasiatischer

---

spezifisch bürgerlichen Künsten „Kabuki" und „Bunraku" eignet auch dem, was man mit *Iki* bezeichnet, das Charakteristische der bürgerlichen Klasse des neuzeitlichen Japans, die wirtschaftlich prosperiert, politisch aber ohne Einfluss bleibt und – kompensatorisch - dem Amüsement ergeben ist. Dieses Amüsement ist hier jedoch genuin ostasiatisch zu verstehen: Es ist gepaart mit Entsagung. *Iki,* das man nur unzureichend, aber am ehesten noch mit „chic", „kokett", „raffiniert" wiedergeben könnte, synthetisiert nach Kuki: Koketterie (*bitai,* als verabsolutierte *Möglichkeit),* Stolz des Samuraigeistes *(ikiji)* und buddhistische Entsagung *(akirame).* Vgl. hierzu den Artikel „Ethik und Ästhetik" in Hammitzsch (1990), Sp.1263f, sowie Ohashi (1991) und die Übersetzung von Schinzinger (1985). Zur Fragwürdigkeit des Heidegger'schen Vorgehens vgl. auch Pöggeler (1992), 106f.

[30] Das kann man durchaus auf jene Passage des Kunstwerkaufsatzes beziehen, die darlegt, dass alle Kunst im „Dichterischen" gründet (vgl. UK 82 - 85), darf es aber doch nur analog hierzu verstehen, da das Heidegger'sche Denken jetzt ein anderes Stadium erreicht hat und auch Sprache grundlegender versteht.

Kunst voll und ganz in seine – vor allem durch die Titel „Lichtung" und „Ereignis" geprägte – Spätphilosophie interpretiert.[31]

Heideggers Erörterungen der ostasiatischen Kunst haben also nicht den Charakter einer Kunstphilosophie, wollen eine solche aber auch gar nicht sein. Dem Anspruch nach wollen sie das *ostasiatische Wesen* dieser Kunst eruieren, d.h. die Bestimmung dieser Kunst von allen abendländisch-ästhetischen Kategorien freihalten. Abgesehen aber davon, dass sich Heidegger allein um die zen-buddhistisch inspirierte Kunst bemüht, muss er sich den – weitaus gravierenderen – Vorwurf gefallen lassen, dass er sich nicht um die spezifische Verfasstheit der ostasiatischen Kunst kümmert, dass er zu rasch zum *Wesen* der ostasiatischen Kunst gelangt – und dieses Wesen sich als „nichts" anderes denn als der grundlegende Gedanke *seiner* Spätphilosophie erweist. Fällt damit nicht der von Heidegger erhobene Verdacht der europäischen Übervorteilung der ostasiatischen Welt auf ihn selbst zurück?

5. Das einräumende Nichts (Ereignis): am Indifferenzpunkt der Kulturen?

Die Analogie des Heidegger'schen Interpretationduktus zu der von ihm so angelegentlich kritisierten „technischen" Übervorteilung liegt geradezu auf der Hand. Und doch ist hier alles diffiziler. Dadurch wird die ganze Angelegenheit aber noch beunruhigender, ja beängstigend: Heidegger glaubt sich nämlich mit dem „Ereignis" und dem „einräumenden Nichts" am Indifferenzpunkt der östlichen und westlichen Kultur – am Indifferenzpunkt aller Kultur. Genau dort, wo er absolute

---

[31] Bei der Übersetzung von *ba* mit „(Blüten-)Blätter" ist Heidegger einer falschen, von seinem Gesprächspartner Tezuka unterstellten Etymologie gefolgt. *Ba* meint nicht primär „Blätter", sondern „das Periphere im Sinne einer vom Zentrum entfernten und wertlosen Gegend". Vgl. dazu: Ogawa (1992), 193 f.

Differenz betont, gelangt er – der Philosoph Hegel lässt den Denker Heidegger nicht los – zur absoluten Identität! So betont er zunächst (und immer wieder), dass „wir Europäer vermutlich in einem ganz anderen Haus" als die Ostasiaten wohnen, „zumal für die ostasiatischen und die europäischen Völker das Sprach*wesen* ein durchaus anderes bleibt" (USpr 90,113). Und jetzt achte man auf folgende Wendung und Argumentationsstruktur Heideggers (im Gespräch des „Japaners"): „Soweit ich dem, was Sie sagen, zu folgen vermag, ahne ich eine tiefverborgene Verwandtschaft mit unserem Denken, gerade weil Ihr (Heideggers – G.S.) Denkweg und seine Sprache so ganz anders sind." (USpr 136) Folgt man dieser Argumentationsstruktur, so ist bald schon kein Halten mehr, auch wenn sich der Durchbruch noch als Versuch und Vermutung und Zweifel des „Fragenden" (also Heideggers) zu verkleiden und zurückzunehmen sucht: „Darum sehe ich noch nicht, ob, was ich als Wesen der Sprache zu denken versuche, *auch* dem Wesen der ostasiatischen Sprache genügt, ob am Ende gar, was zugleich der Anfang wäre, ein Wesen der Sprache zur denkenden Erfahrung gelangen kann, das die Gewähr schenkte, daß europäisch-abendländisches und ostasiatisches Sagen auf eine Weise ins Gespräch kämen, in der solches singt, das einer einzigen Quelle entströmt." (USpr 93f.)

Oh doch, er „sieht" und weiß dieses Wesen. Die Übersetzungen von *Iki* und *Koto* im Verlauf des Gesprächs belegen es nur zu deutlich: Der Ursprung der abendländischen und der Ursprung der ostasiatischen Sprache und Kultur ist ein und derselbe. Wir schöpfen nach Heidegger aus *einer* Quelle: dem Ereignis.

Dieser Gedanke ist natürlich nicht von vornherein von der Hand zu weisen. Er ist faszinierend, ja erregend. Es ist dies aber auch und vor allem ein gefährlicher Gedanke, ein Gedanke, der einen erschauern lässt. Er ist gefährlich, weil er einen Imperialismus im Gefolge haben könnte, der den technischen Imperialismus potenzierte, weil er ihn noch tiefer fundierte, nämlich im *Ursprung* dessen, dem, nach Heidegger, auch die Technik sich verdankt – und dabei die Illusion nährte, den westlichen Imperialismus überwunden zu haben, während er diesen nur fortführt und verfestigt. Ist das „Ereignis" tatsächlich der Indifferenzpunkt der östlichen und westlichen Kultur, oder erweist sich mit dieser Unterstellung, ja Anmaßung die Heidegger'sche Interpretation der ostasiatischen Kunst als einer *jener* „Holzwege", die man am besten wieder zurückgeht, um nicht zu viele wertvolle Gewächse zu zertreten? Hat Heidegger hier „groß geirrt", weil „groß gedacht"? Wie, nach welchen Kriterien soll man diese Fragen entscheiden? Lassen sich Fragen solcher Art überhaupt entscheiden?

6. Der „generelle" Gedanke der Heidegger'schen Spätphilosophie und die Unumgänglichkeit der spezifischen Analyse

Die Frage lautet so: Eruiert Heidegger, wie er es intendiert, mit seiner Interpretation tatsächlich das *ostasiatische* Wesen der ostasiatischen Kunst, oder funktionalisiert und degradiert er diese Kunst zur Exemplifizierung der Kategorien seiner Spätphilosophie? Und wie anders sollte diese Frage entschieden werden als durch eine eingehende Interpretation dieser Kunst selbst? Dies aber hat Heidegger nicht einmal in Ansätzen geleistet. Die wenigen kryptischen Bemerkungen über das Nô-Spiel (siehe oben) sprechen hier eine deutlich undeutliche Sprache.

Dies alles wäre nicht so gravierend, wenn es nicht auf einem absichtsvollen Versäumnis Heideggers beruhte. Denn was zunächst wie eine bloße Unterlassung aussieht, hat bei Heidegger durchaus Methode: Es ist die bewusste und prinzipielle Ablehnung der ästhetischen, stilistischen und kunsthistorischen Analyse der Kunstwerke. Und es ist dies der eigentlich kritische und auch alles entscheidende Punkt der

Heidegger'schen Interpretation. Durch dieses Manko kann Heidegger, der angetreten war, das spezifisch Ostasiatische der ostasiatischen Kunst aufzuweisen, die ostasiatische Kunst letztlich nicht mehr von der abendländischen unterscheiden. Denn das ostasiatische Wesen der ostasiatischen Kunst ist für ihn auch das Wesen der abendländischen Kunst.[32]

Dabei kann man Heidegger zugeben, dass die ästhetische Analyse das ostasiatische Wesen der ostasiatischen Kunst ebenso wenig trifft wie das abendländische Wesen der abendländischen Kunst. Aber ist man deswegen schon berechtigt, alle konkreten Kriterien, mag man sie nun „ästhetisch" nennen oder nicht, beiseite zu schieben, um möglichst rasch zum Wesen vordringen zu können? Das Einklagen ästhetischer Kriterien meint ja in diesem Zusammenhang nicht das Beugen der Kunst unter das Joch eines fixen und die Sache verunstaltenden wissenschaftlichen Methodenkanons, sondern meint allein das Eingehen auf die Sache, fordert allein die Einlösung des phänomenologischen Konkretionsgebotes. Nachdem sich wohl niemand mehr eine Wesensschau als genial-intuitiven Akt vorstellen kann, ist man kaum anders fähig, zum Wesen zu gelangen, als *durch* eine explizit durchgeführte Analyse *hindurch*.[33] Das Wesen muss erscheinen! Dies wenigstens ist von Hegel zu lernen – und man wird dann

---

[32] So liest man in dem Text „Die Kunst und der Raum" von 1969, der das Wesen der Plastik als solcher, also undifferenziert nach Ost und West, thematisiert, zentrale Sätze, die auch gelegentlich der Erörterung der ostasiatischen Kunst hätten geschrieben werden können: „Vermutlich ist jedoch die Leere ... kein Fehlen, sondern ein Hervorbringen ... Die Leere ist nicht nichts. Sie ist auch kein Mangel. In der plastischen Verkörperung spielt die Leere in der Weise des suchend-entwerfenden Stiftens von Orten." (13,209)

[33] Vgl. hierzu Tsujimura (1990). Tsujimura scheut sich nicht, seine These, das Gemalte sei „Ausdruck des Nichts" (467), mit ästhetisch-stilistischen Kategorien, wie „Circumspektive" (in Absetzung von der abendländischen Perspektive), zu belegen. Und man gewinnt hier durchaus nicht den Eindruck, dies sei eine ästhetische Überformung des ostasiatischen Wesens dieser Malerei.

immer noch, gegen Hegel, festhalten können, dass das Wesen damit nicht seines Geheimnischarakters beraubt wird, sondern dass dieser mit solch einer Analyse nur potenziert werden kann. Heideggers Aversion gegen dergleichen „ästhetische" Analysen, die Vorstellung, dass mit solch einem Anfang alles verloren sei, dass man mit solch einem Anfang unmöglich zum „Wesen" vorstoßen könne, ist gänzlich unbegründet, ja diese Aversion ist für seine Interpretation geradezu verhängnisvoll. Gerade weil er sich nicht auf die konkrete ästhetische Analyse einlässt und sie mit dem Verdacht der Übervorteilung strikt ablehnt, bleibt er an allen wichtigen und entscheidenden Stellen seiner Interpretation naiv-unreflektiert an das Ästhetisch-Technische gebunden. Denn festzuhalten ist hier: Es war ein ästhetisch-technisches Produkt, der Film „Rashomon", eines Regisseurs zudem, der auch in Hollywood gelernt hatte, das ihm den Eindruck des „Bezaubernden" (USpr 104) der japanischen Welt vermittelte. Es war ein ästhetisch-technisches Produkt, die Photographie des Hakuin-Gemäldes *mama-no-tsugihashi,* das sich Heidegger im eigenen Haus an die Wand gehängt und dessen Original er nie zu Gesicht bekommen hat. Ist dies nicht eine Art pragmatischer Widerspruch? Es ist weiterhin dargelegt worden (siehe oben), dass Heidegger seine Wesensbestimmung der ostasiatischen Kunst in ständiger Absetzung von den Bestimmungen abendländischer Kunst und Ästhetik gewinnt – und somit in Abhängigkeit von diesen. Doch damit nicht genug: Der springende und alles entscheidende Punkt seiner Interpretation des Nô-Spiels ist die „geringe Gebärde", die sich der Leere entgegenträgt, um so das Gebirge erscheinen zu lassen. Hier wüsste man gerne, warum gerade eine so stilisierte Gebärde das „Erscheinen" ermöglicht und nicht auch eine anders geartete; man wüsste also gerne mehr über die ästhetischen Kriterien dieser Bühnenhandlung. Doch sucht man in diesem

Fall vergebens, wie auch sonst, wenn es bei Heidegger um ästhetische Kriterien geht.

Bei Heideggers Interpretation des Nô-Spiels wird es offenkundig: Nur mit einer konkreten ästhetischen Analyse lässt sich die Heidegger'sche Intention einlösen: Die künstlerische Äußerung, dies gilt in anderer Weise auch für Malerei und Dichtung, ist bezogen auf die Leere, und diesem Bezug[34] verdankt sich das durch die künstlerische Aktion Hervorkommende: das Gebirge, die Landschaft, das Ding. Unter dieser Voraussetzung „bedarf es nur noch einer geringen Gebärde des Schauspielers, um Gewaltiges aus einer seltsamen Ruhe erscheinen zu lassen". (USpr 107) Es kommt hier – dem Phänomen nach – alles auf „das Geringe", u.d.i.: die Negation alles „Massiven der Darstellung" an. Das „nur noch" der Heidegger'schen Wendung ist hier also nicht in dem Sinne zu verstehen, dass eine geringe Gebärde zwar ausreicht, eine gewichtige Gebärde aber von Vorteil wäre. Das „Geringe" ist vielmehr konstitutiv für das Erscheinen aus der Ruhe! Insofern gibt Heidegger – wenn auch in allgemeinster Form, d.h. unzureichend – ein ästhetisches Kriterium an die Hand, wonach ein Kunstwerk als „genuin ostasiatisch" beurteilt werden kann.[35]

---

[34] Diese Beziehung adäquat zu denken bereitet Heidegger immense Schwierigkeiten. Er sagt vor allem, wie sie nicht zu denken ist. Die größte Gefahr besteht für ihn darin, sich die Beziehung als „einen nachträglichen Zusammenschluß" vorzustellen (USpr 108). Diese Schwierigkeit taucht auch an prominenter Stelle, nämlich im 1956 geschriebenen Nachwort zum Kunstwerkaufsatz auf: „In dem Titel: ‚Ins-Werk-setzen der Wahrheit', worin unbestimmt aber bestimm*bar* bleibt, wer oder was in welcher Weise ‚setzt', verbirgt sich der *Bezug von Sein und Menschenwesen*, welcher Bezug schon in dieser Fassung ungemäß gedacht wird°..."(UK 100). Vgl. hierzu auch Seubold (1986), 128 - 132

[35] Zwar bezeichnet Heidegger selbst die metaphysisch-ästhetische Analyse als „in gewisser Hinsicht unumgänglich", doch ist „unumgänglich" bei ihm selbst unter dieser Einschränkung nur negativ gefasst; die ästhetische Vorstellungsweise ist für ihn ein (zunächst noch) notwendiges, leider nicht hintergehbares Übel: „denken Sie nur daran, wie unversehens Sie Kukis ästhe-

Will Heidegger das Ästhetische und mit ihm alles Metaphysisch-Wissenschaftlich-Technische „in seine Grenzen verweisen" (USpr 138) und auf das andere zu aller Metaphysik als der gemeinsamen Quelle der östlichen und westlichen Kultur hinweisen, so sähe man dies gerne durch die stilistisch-ästhetische Analyse des konkreten Kunstwerkes hindurch in die Wege geleitet. Und solange diese spezifischen Analysen fehlen, hat Heideggers faszinierende und vielleicht auch bahnbrechende „Generalinterpretation" der ostasiatischen, d.h. zen-buddhistischen Kunst den bitteren Beigeschmack der Funktionalisierung dieser Kunst für eigene Interessen.[36]

Literaturverzeichnis [Erläuterung der Siglen]

UK: Der Ursprung des Kunstwerks. – Stuttgart, 1977
USpr: Unterwegs zur Sprache. – Pfullingen, ^{5}1975
ZSD: Zur Sache des Denkens. – Tübingen, ^{2}1976
Bei Zitation aus der Gesamtausgabe (GA) (Frankfurt/M. 1975ff.) bezeichnet die erste Zahl den Band, die zweite die Seite.

---

tische Auslegung des *Iki* als sachgerechte anerkannten, obzwar sie auf dem europäischen, d.h. metaphysischen Vorstellen beruht. – Wenn ich Sie recht verstehe, wollen Sie sagen, die metaphysische Vorstellungsweise sei in gewisser Hinsicht unumgänglich." (USpr 116)

[36] Leicht überarbeitete Fassung aus: Günter Seubold: Kunst als Enteignis. Heideggers Weg zu einer nicht mehr metaphysischen Kunst. 2. Auf., Bonn: DenkMal Verlag 2005

Alcopley, L. (1963): Listening to Heidegger and Hisamatsu, Kyôto
Benl, O. (1953): Seami Motokiyo und der Geist des Nô-Schauspiels, Wiesbaden
Buchner, H. (1977): Fragmentarisches, in: Neske (1977), 47 - 51
Buchner, H. (Hg.) (1989): Japan und Heidegger – Gedenkschrift der Stadt Meßkirch zum hundertsten Geburtstag Martin Heideggers, Sigmaringen
Hammitzsch, H. (Hg) (1990): Japan-Handbuch, Stuttgart
Kellerer, Ch. (1982): Sprung ins Leere: Objet trouvé. Surrealismus. Zen, Köln,
Müller-Yao, M.H. (1985): Der Einfluß der Kunst der chinesischen Kalligraphie auf die westliche informelle Malerei. Köln, o.J. (Phil. Diss. Bonn)
Ohashi, R. (1991): Heidegger und Graf Kuki. Zu Sprache und Kunst in Japan als Problem der Moderne ,in: Gander, H.-H. (Hg.): Von Heidegger her. Wirkungen in Philosophie – Kunst - Medizin. - Frankfurt/M, 93 - 104
Ogawa, T. (1992): Heideggers Übersetzbarkeit in ostasiatische Sprachen, in: Pappenfuss; Pöggeler (1992), 180 - 196
Park, S.-B. (1989): Analyse der mit Zen vergleichbaren Elemente in der modernen Kunst - mit besonderer Berücksichtigung der Absoluten Kunst, des Informel und des Happenings, Wuppertal (Phil. Diss.)
Pöggeler, O. (1992): Neue Wege mit Heidegger, Freiburg/München
Schinzinger, E. (1985): Die Struktur des ‚Iki' von Kuki Shûzô. Unveröff. Magisterarbeit, Tübingen
Seubold, G. (1986): Heideggers Analyse der neuzeitlichen Technik, Freiburg/München
Seubold, G. (1991): Rez.: H. Buchner (Hg.): Japan und Heidegger, in: Heidegger Studies 7, 137 - 142, sowie Sobun 327 (1991) Tôkyô, 23 - 28

Seubold, G. (1992b): Rez.: Biemel,/v. Hermann (Hg.): Kunst und Technik. Gedächtnisschrift zum 100. Geburtstag von Martin Heidegger, in: Phil.Jb 99, 444 - 448
Seubold, G. (1993b): Inhalt und Umfang des japanischen Kunstbegriffs, in: Phil.Jb 100, 380 - 398
Seubold, G. (1995b): Seinsvergessenheit, in: Ritter, J./Gründer, K. (Hg.): Historisches Wörterbuch der Philosophie. Bd.9, Sp. 264f.
Seubold, G. (1997): Das Ende der Kunst und der Paradigmenwechsel in der Ästhetik. Philosophische Untersuchungen zu Adorno, Heidegger und Gehlen in systematischer Absicht. Freiburg/München, 4. Aufl. 2013
Tobey, M. (1958): Japanese Traditions and American Art, in: College Art Journal (XVIII 1, 20 - 24
Tsujimura, K. (1990): Über Yü-chiens Landschaftsbild ‚In die ferne Bucht kommen Segelboote zurück', in: Ohashi, R. (Hg.): Die Philosophie der Kyoto-Schule, Freiburg/München, 455 - 469
Ueda, Sh. (2011): Wer und was bin ich? Zur Phänomenologie des Selbst im Zen-Buddhismus, Freiburg
Zen 49 (1986): Ausstellungskatalog, Baden-Baden

Tetsuya Sakakibara
Ich und Du bei Nishida und Heidegger[1]

Einleitung

Nishidas Aufsatz *Ich und Du* ist eine sehr interessante, jedoch ziemlich schwer zu verstehende Abhandlung. Er schreibt darin zum Beispiel: „Ich und Du sind füreinander absolut andere. ... Allein indem ich Dich anerkenne, bin ich Ich, und indem du Mich anerkennst, bist du Du; in meinem Grunde existierst Du, in deinem Grunde existiere Ich".[2] Auf diesen nicht einfach zugänglichen Gedanken Nishidas möchte ich in dieser Betrachtung, die zum Thema „Zwischen Heidegger und Nishida" beitragen soll, eingehen und dabei auch Heidegger vergleichend und ergänzend hinzuziehen. Da die hier zu behandelnde Sache eine ursprüngliche oder eigentliche Beziehung zwischen Ich und Du sein soll, werde ich im Folgenden hauptsächlich auf die von Heidegger in *Sein und Zeit* entwickelte Idee des *Mitseins des Daseins mit Anderen,* insbesondere die Idee *ihres eigentlichen Miteinanderseins,* rekurrieren. Die Aufgabe dieses Beitrages ist es, anhand der Sache von ‚Ich und Du' sozusagen die ‚Nähe und Distanz' zwischen Nishida und Heidegger herauszuarbeiten und dieses ‚Zwischen' zu denken.[3]

---

[1] Der vorliegende Beitrag beruht auf dem Text, den ich beim Internationalen Heidegger-Nishida-Symposium am 10.09.2011 im Schloss Meßkirch vorgetragen habe. Das Thema des Symposions war „Zwischen Heidegger und Nishida". Bei dieser Gelegenheit möchte ich den Organisatoren des Symposions, Herrn Prof. Dr. Ryosuke Ohaschi und Herrn Prof. Dr. Georg Stenger, und ebenfalls der Stadt Meßkirch herzlich für die Einladung danken. In diesem Text sind alle Hervorhebungen, Ergänzungen und Abkürzungen in den Zitaten vom Verfasser vorgenommen.
[2] NKZ V, 297: BW, 307: LO, 170 [Zur Erklärung der Kürzel siehe am Textende meines Beitrags]
[3] Der Verf. hat bereits früher die ‚Nähe und Distanz' zwischen Husserl und Nishida thematisiert. Vgl. Sakakibara, 2010

Im Folgenden werde ich zuerst Nishidas Denkweg bis hin zum Aufsatz *Ich und Du* skizzieren. Dabei werde ich von Zeit zu Zeit auf Heidegger rekurrieren, um die Gedanken beider zu vergleichen (1). Dann werde ich auf Nishidas Aufsatz *Ich und Du* eingehen und seine Idee auslegend zusammenfassen (2). Schließlich werde ich eine kurze Betrachtung anstellen, die gewisse Verwandtschaften und Differenzen zwischen Nishida und Heidegger herauszuarbeiten versucht, und auf eine zukünftige Aufgabe hinweisen, um das ‚Zwischen' von Heidegger und Nishida weiter zu denken.

1. Nishidas Weg zum Aufsatz *Ich und Du*
Um Nishidas Aufsatz *Ich und Du (1932)* richtig zu verstehen, ist es zunächst erforderlich, die Entwicklung seiner Gedanken bis hin zu diesem Aufsatz kurz zu überblicken. Ich beginne meine Untersuchung mit dieser Skizze.
In seinem ersten Buch *Über das Gute (1911)* findet Nishida den Ansatzpunkt seiner Philosophie in der „Reinen Erfahrung (junsui-keiken)." Reine Erfahrung ist nach ihm eine „unmittelbare Erfahrung", in der es „noch kein Subjekt und kein Objekt" gibt und „die Erkenntnis und ihr Gegenstand [noch] völlig eins" sind.[4] „Der Bewußtseinszustand der Einheit von Wissen, Fühlen und Wollen, in dem Subjekt und Objekt gleichsam untergegangen sind,[5] ist auch eine Reine Erfahrung. „Bedeutung und Urteil" entstehen erst, wenn das Bewusstsein „seine Einheit verliert, indem es in Beziehung zu anderem tritt."[6] Im Gegenteil dauert eine Reine Erfahrung, solange das Bewusstsein eine „strenge Einheit" behält und „sich spontan entwickelt".[7] Von diesem Standpunkt der Reinen Erfahrung sind die Bewusstseinsphänomene, in denen „Subjekt und Objekt sich noch nicht gegenüberstehen" oder

---
[4] NKZ I,9: G,29
[5] NKZ I,52: G,88
[6] NKZ I,14:G,38
[7] NKZ I,11 f., 14: G,33 f., 38

„gleichsam [schon] untergegangen sind," die einzige und wahre „Realität"[8] und im Hintergrund dieser Realität muss „ein gewisses einheitliches und vereinheitlichendes Etwas" erkannt werden.[9] Nishida nennt dieses Etwas „die vereinheitlichende Kraft *(tōitsu-ryoku).*" Er sagt: „da in der Reinen Erfahrung materielle Phänomene und Bewußtseinsphänomene identisch sind," „ist die Kraft der Vereinheitlichung an der Basis unseres Denkens und unseres Wollens unmittelbar identisch mit der vereinheitlichenden Kraft im Ursprung aller kosmischen Phänomene".[10] „Die unwandelbare vereinheitlichende Kraft", die „im Grunde unseres Bewußtseins wirkt", d.h. die „des subjektiven Bewußtseins" und „die vereinheitlichende Kraft der objektiven Welt" sind „identisch." Das heißt, „dass die sogenannte objektive Welt und das Bewußtsein aus demselben Prinzip hervorgehen."[11] Mit dieser Lehre der Reinen Erfahrung und ihrer vereinheitlichenden Kraft versucht Nishida den so genannten cartesianischen Subjekt-Objekt-Dualismus zu überwinden.

Wie denkt Heidegger in diesem Punkt? In *Sein und Zeit* stellt er dem traditionellen Begriff der Wahrheit als „adaequatio intellectus et rei"[12] seinen eigenen Wahrheitsbegriff gegenüber und versucht auf diese Weise den cartesianischen Subjekt-Objekt-Dualismus zu überwinden. Heidegger sagt: „Primär ‚wahr', das heißt entdeckend ist das Dasein", und „erst mit der Erschlossenheit des Daseins wird das ursprüngliche Phänomen der Wahrheit erreicht."[13] Wenn das Dasein „im Modus der Eigentlichkeit" ist, „erschließt sich" das Dasein „ihm im eigensten und als eigenstes Seinkönnen" und alle „innerweltlichen Seienden" sind in dieser „eigentlichen

---

[8] NKZ I,43, 48, 52: G,76, 82 f. 88
[9] NKZ I,55: G,92
[10] NKZ I,56: G,93
[11] NKZ I,61 f.: G,98 - 100
[12] SZ, 214
[13] SZ, 220f.

Erschlossenheit" entdeckt.[14] Daraus folgt, dass bei Heidegger eine ‚reine oder unmittelbare Erfahrung', in der das Dasein sich nicht „aus der ‚Welt' und den Anderen her', sondern „aus seinem eigensten Seinkönnen" verstehen könnte[15], gerade im „Modus der Eigentlichkeit" gemacht würde, und dass die ‚vereinheitlichende Kraft' bei Heidegger in der „eigentlichen Sorge" oder sogar in der diese ermöglichenden „Zeitlichkeit" als „gewesend-gegenwärtigender Zukunft" zu suchen wäre.[16] Gehen wir zurück zu Nishidas Denkweg.

In seinem zweiten Hauptwerk *Anschauung und Reflexion im Selbstbewußtsein (1917)* führte der Standpunkt der Reinen Erfahrung zum „Standpunkt des absoluten Willens." Vermittels der „Tathandlung bei Fichte" interpretierte Nishida die vereinheitlichende Kraft, die im Grunde der Reinen Erfahrung wirkt, neu als „absoluter Wille" im Sinne Fichtes.[17] Im weiteren erreichte er aber in der letzten Hälfte der Aufsatzsammlung *Vom Wirkenden zum Sehenden (1927)* die „Kehre zum Gedanken, Ort".[18]

Was ist nun der „Ort *(basho)*"? Aufgrund der bisherigen Betrachtung kann der Ort als das Worin, in dem der absolute Wille seine Wirkung sieht und damit selbstbewusst wird, genommen werden. Nach Nishida gingen die bisherige und so auch die gegenwärtige Erkenntnistheorie immer vom „Gegensatz zwischen Subjekt und Objekt" aus und verstand das „Wissen" als nichts anderes als eine Beziehung eines Subjektes zu einem Gegenstand. Die Erkenntnistheoretiker versuchten also aufzuklären, wie das Bewusstsein als Subjekt sich auf einen bewusstseinstranszendenten Gegenstand bezieht und ihn trifft.[19] Im Gegensatz dazu denkt Nishida, dass es „um das

---

[14] Vgl. SZ, 221, 223
[15] SZ, 221
[16] Vgl. SZ, 326f., 301
[17] Vgl. NKZ I,3: LO,22
[18] Vgl. NKZ I,3: LO,22
[19] Vgl. NKZ III,415, 417, 420 f.: LO,72, 74, 79

Bewußtsein und den Gegenstand in eine Beziehung zu bringen", „so etwas wie einen Ort" geben muss, „in dem sich beide aufeinander beziehen."[20] Das ist der Kern von Nishidas Gedanken des „Ortes". Der Ort selbst kann nicht mehr einfach mit einem bloßen Bewusstsein identifiziert werden. Es handelt sich vielmehr um ein „Feld des *Bewußtseins überhaupt*, das selbst völlig leer ist und alle Dinge spiegelt."[21] „Indem sich das Bewußtseinsfeld selbst wahrhaft entleert, kann es die Gegenstände, so wie sie sind, spiegeln."[22] Nishida schreibt weiter: „Der Ort-Worin *(oite aru basho)*, in dem sich der Gegenstand befindet, muß zugleich auch der Ort-Worin sein, in dem sich das Bewußtsein befindet."[23] Der Ort oder Ort-Worin kann jetzt das „Nichts *(mu)*" genannt werden, weil er als das „tiefste" Bewusstsein nicht mehr als Seiendes gehalten werden kann, während der darin befundene Gegenstand und das ebenfalls darin befundene und reflektierte Bewusstsein als vergegenständlichtes Seiendes *(u)* betrachtet werden müssen. Nishida bezeichnet jenes tiefste Bewusstsein als „Ort des wahren Nichts."[24] Dies kann wohl auch mit dem Begriff „Sehen ohne Sehendes" charakterisiert werden. „Dass Subjekt und Objekt [schon] untergegangen sind, bzw. dass es [noch] weder Subjekt noch Objekt gibt, heißt nur, dass der Ort zum wahren Nichts bzw. bloß zu einem spiegelnden Spiegel wird."[25] Auf diese Weise entwickelt Nishida seinen Gedanken der Reinen Erfahrung zu dem des Ortes des wahren Nichts.

Wie denkt Heidegger in dieser Hinsicht? Für den Augenblick scheint es leider, dass die beiden Philosophen sehr weit voneinander entfernt sind. In *Sein und Zeit* denkt Heidegger,

---

[20] NKZ III,417: LO,74
[21] NKZ III,419: LO,78
[22] NKZ III,425: LO,84
[23] NKZ III,425: LO,84
[24] NKZ 424, 427: LO,83, 87
[25] NKZ III,426: LO,85

dass in der Sorge des Daseins Zeuge und andere Daseiende ihm begegnen. Wie erklärt, wird die „ursprünglichste Wahrheit" der Welt und des Selbst erst erschlossen, wenn das Dasein im Modus der Eigentlichkeit ist. Der ‚Ort' dieser eigentlichen Erschlossenheit würde aber nicht im ‚Nichts', sondern vielmehr im bestimmten ‚Seienden', nämlich im entschlossenen Dasein liegen. Es muss gesagt werden, dass der ‚Ort' bei Heidegger in der vorlaufenden Entschlossenheit als eigentlicher Sorge, also im ‚Sein' des eigentlichen Daseins fundiert wäre.

In einem weiteren Schritt gehen wir jetzt zu Nishidas Philosophie des Nichts in den 1930er Jahren. In seinem Buch *Die selbstbewußte Bestimmung des Nichts (1932)* hält er das „wahre Selbst" nicht mehr für „etwas Gegenständliches."[26] Das wahre Selbst ist vielmehr „das, was selber Nichts ist und doch sich selbst sieht *(mu nishite jiko-jishin wo mirumono)*."[27] Nishida sieht im Grunde des Bewusstseinsaktes das Nichts als „das, was selber gestaltlos ist und doch eine Gestalt sieht *(katachi nakushite katachi arumono wo mirumono)*" [28] und behauptet, dass das „wahre Selbstbewußtsein *(shin no jikaku)*" nichts anderes als die Selbstbestimmung dieses Nichts ist. Das wahre Selbstbewusstsein oder Selbstbewusstwerden bedeutet also, „dass *das Nichts das Nichts selbst bestimmt.*"[29] „Solange etwas als Selbst gesehen ist, ist dies nicht das wahre Selbst. Nur wenn kein Selbst mehr gesehen werden kann und das Nichts sich selbst bestimmt, sehen wir erst das wahre Selbst und werden wir erst selbst-bewußt."[30] Nishida bezeichnet dies als „Selbstbewußtsein oder Selbstbewußtwerden des absoluten Nichts *(zettai-mu no jikaku).*"[31]

---

[26] NKZ V,71
[27] NKZ V,81
[28] NKZ V,78
[29] NKZ V,80 f.
[30] NKZ V,93
[31] NKZ V,93

Es ist nun klar, dass das „absolute Nichts" nicht bedeutet, dass „es einfach gar nichts gibt".[32] Es ist keine bloße Negation des Seins (Nichtsein *(hi-u)*). Das absolute Nichts, das sozusagen ‚früher' als Sein ist, bringt vielmehr alles Seiende hervor, während das Nichtsein als Negation des Seins nie dem Sein vorangehen kann.

Im Gegensatz dazu scheint mir zunächst, dass Heidegger in *Sein und Zeit* das wahre Selbst nicht im „Nichts" sieht. „Die Selbstheit ist existenzial nur abzulesen am eigentlichen Selbstseinkönnen, das heißt an der *Eigentlichkeit des Seins des Daseins als Sorge.*[33] Es muss zunächst behauptet werden, dass, was bei Heidegger im Grunde des wahren Selbst zu sehen ist und dieses Selbst entstehen lässt, nicht das Nichts wäre, sondern das *Sein* des eigentlichen Daseins, das als eigentliche Sorge die vorlaufende Entschlossenheit ist.

Nishida seinerseits versucht weiter, das Selbstbewusstsein des absoluten Nichts als „Selbstbestimmung des ewigen Jetzt *(eien no ima no jiko-gentei)*" aufzuklären.[34] Nach ihm ist die „Gegenwart" auch das „Nichts" in dem Sinne, dass sie „nie zu ergreifen" ist.[35] Dieses Nichts bestimmt sich selbst jedoch als „Gegenwart" und dies ist gerade die „Selbstbestimmung des ewigen Jetzt".[36] Nishida schreibt: In der „noematischen Richtung" der Selbstbestimmung des ewigen Jetzt, d.h. in der Richtung des bestimmten Jetzt, ist die „Welt der Dinge" oder die „Welt der Erkenntnisgegenstände" gesehen, und in der „noetischen Richtung" des bestimmenden Jetzt ist die „Welt der Personen" oder die „Welt des Bewußtseins" gesehen.[37]

Andererseits findet Heidegger in *Sein und Zeit* zwar im Grunde des eigentlichen Selbstseins des entschlossenen

---

[32] NKZ V,93
[33] SZ, 322
[34] NKZ V,109 f.
[35] NKZ V,112
[36] NKZ V,112
[37] NKZ V,110 f, 113

Daseins als „Sinn der eigentlichen Sorge" auch die „Zeitlichkeit" heraus.[38] Diese „eigentliche Zeitlichkeit" bedeutet jedoch „gewesend-gegenwärtigende Zukunft" und „zeitigt sich aus der eigentlichen Zukunft."[39] Im ersten Blick wäre diese Zeitlichkeit, die einen „Vorrang der Zukunft"[40] hat, ganz anders als Nishidas „Selbstbestimmung des ewigen Jetzt."

Ich habe bisher in dieser Betrachtung Nishidas Denkweg bis hin zum Aufsatz *Ich und Du* skizziert und dabei gelegentlich auf Heideggers Gedanken rekurriert. Dabei beabsichtigte ich eigentlich, das „Zwischen" von Nishida und Heidegger zu bedenken, es scheint mir aber, dass ich nicht auf die ‚Nähe', sondern nur auf die ‚Distanz' zwischen den beiden abgehoben habe. Sind Nishida und Heidegger jedoch wirklich ausschließlich voneinander entfernt?

Wir sind hier an eine Stelle gekommen, an der wir Nishidas schwierigen Aufsatz *Ich und Du* gut lesen und verstehen können. Im nächsten Abschnitt will ich zunächst seine Gedanken über Ich und Du zusammenfassen, soweit es für diese Betrachtung nötig ist.

2. Ich und Du bei Nishida

Im Aufsatz *Ich und Du* betrachtet Nishida die Beziehung zwischen Ich und Du von seinem kurz vorher erreichten Standpunkt des Selbstbewusstseins des absoluten Nichts oder der Selbstbestimmung des ewigen Jetzt. Am Anfang des Aufsatzes stellt er seine Idee dar, dass die Zeit als Selbstbestimmung des ewigen Jetzt gerade als *diskontinuierliche Kontinuität (hirenzoku no renzoku)* denkbar ist.

„Die Zeit als Selbstbestimmung des ewigen Jetzt verlöscht überall und wird überall geboren. Aus diesem Grund berührt die Zeit in jedem Augenblick das ewige Jetzt. Das heißt, die Zeit verlischt von Augenblick zu Augenblick und wird von

---

[38] SZ, 326
[39] SZ, 326, 329
[40] SZ, 329

Augenblick zu Augenblick geboren. Zeit ist denkbar als *diskontinuierliche Kontinuität*.[41]
Da alles Seiende sich „in der Zeit" befindet,[42] ist *„das wahre Leben"* auch als diskontinuierliche Kontinuität denkbar. Nach Nishida ist das wahre Leben in der *„dialektischen Bewegung"*[43] von: schlechthinnig sterben und aus dem Grund des Absoluten geboren werden oder wiederkehren.
[E]s muß sich dabei [= bei dem wahren Leben] um eine diskontinuierliche Kontinuität handeln im Sinne von: *sterben und somit geboren werden …* Das wahre Leben kann nur gedacht werden als die Selbstbestimmung der *absoluten Ebene, auf der der Tod zugleich Leben ist,* bzw. als die Selbstbestimmung ohne Bestimmendes. … Im Grunde der Selbstbestimmung unseres individuellen Ich stoßen wir auf *das absolute Nichts*.[44]
Jedes individuelle Ich wird als eine Bestimmungsebene des *absoluten Nichts* als darin Befindliches bestimmt.[45]
Der wahre Realitätscharakter unseres Lebens befindet sich … dort, wo wir *absolut sterben und somit geboren werden.* Wir werden *aus dem Grund des Absoluten geboren.* Somit wird unser Leben nicht aus der Vergangenheit geboren, sondern aus der Zukunft, nein, vielmehr wird es geboren, indem die Gegenwart, als die Selbstbestimmung des ewigen Jetzt, die Gegenwart selber bestimmt. Unser Leben wird bestimmt im Sinne der diskontinuierlichen Kontinuität.[46]
Unser Leben ist also auf die Weise als diskontinuierliche Kontinuität betrachtet. Es ist nichts anderes als „das sich selbst *dialektisch* Bestimmende, bei dem gilt: *schlechthin sterben bedeutet, zum Leben zu erwachen."* Und dieses sich

---

[41] NKZ V,267 f.: BW,267: LO,141
[42] Vgl. V,272: BW,272: LO,145
[43] NKZ V,274 f.: BW,275 f.: LO,147 f.
[44] NKZ V,278 f.: BW,281: LO,151 f.
[45] NKZ V,280: BW,282: LO,153
[46] NKZ V,280: BW,283 f.: LO,154

dialektisch Bestimmende ist wiederum als die *Bestimmung des wahren absoluten Nichts* betrachtet.[47]

Es ist hier zu beachten, dass Nishida immer wieder betont, dass unser Leben, das nach dem oben Zitierten „aus der Zukunft" geboren wird, *von der Zukunft her bestimmt* werde.

„In dem Sinne, dass der Augenblick den Augenblick selber bestimmt als die Selbstbestimmung des ewigen Jetzt, werden wir, die wir uns darin befinden, wohl durchgehend von der Vergangenheit her bestimmt. Wir sind im Grunde der Wirklichkeit durch die stoffliche Materie bestimmt, denn indem wir einen Leib besitzen, kommt uns Selbstsein zu. Ich und Du bestehen zugleich aus derselben stofflichen Materie. ... Wir werden aber nicht nur einfach von der Umgebung bestimmt, d.h. wir sind nicht nur einfach stoffliche Materie. Sowohl Ich als auch Du, als gemeinsam Wirkende, besitzen in der Spitze der augenblickhaften Bestimmung die Bedeutung einer *Bestimmung aus der Zukunft*. ... Die Ebene des Bewußtseins, die jeder von uns besitzt, kann im Sinne einer *Bestimmung aus der Zukunft* gedacht werden."[48]

„Wir können sagen, dass der Augenblick den Augenblick selber bestimmt und wir uns, in der Spitze der augenblickhaften Bestimmung, *ausgehend von der Zukunft bestimmen*."[49]

„Wenn wir in dem Sinne, dass die Zeit, in der Spitze der augenblickhaften Bestimmung *von der Zukunft her bestimmt wird*, als Wirkende existieren."[50]

Die Bestimmung aus der Zukunft bedeutet aber wiederum: durch den schlechthinnigen Tod hindurch geboren werden oder aus dem schlechthinnigen Tod wieder erwachen, und das ist nichts anderes als *dialektische Existenz*.

---

[47] Vgl. NKZ V,279: BW,282: LO,153
[48] NKZ V,288 f.: BW,294 f.: LO,161
[49] NKZ V,289: BW,296: LO,162
[50] NKZ V,291: BW,299: LO,164

„Die wahre dialektische Bestimmung wird durch den schlechthinnigen Tod hindurch geboren. ... Solange man nur die Hoffnung auf eine Wiederbelebung hegt, handelt es sich nicht um das wahre Sterben. Das aus dem schlechthinnigen Tod wieder Erwachende sollte das wirklich persönliche, freie Selbst sein. Hierbei handelt es sich um die *wahre dialektische Existenz.*"[51]
Aufgrund dieser Anschauung des Lebens als *dialektischer Existenz* betrachtet Nishida weiter die *Beziehung von Ich und Du*. Zunächst beginnt er zu überlegen, was das „Selbstbewußtsein" ist, „in dem ich mich selbst weiß" oder in dem „das Ich *(jiko)* sich selbst in sich selbst sieht."[52]
„Geht man davon aus, dass das Ich in sich selbst sich selbst sieht, muß dies bedeuten, dass das Ich in sich selbst *den absolut Anderen* sieht, und dass dieser absolut Andere nichts anderes als das Ich ist. In diesem Sinne muß also dasjenige, das Sehendes und Gesehenes umfaßt, als das Allgemeine des Nichts *(mu no ippansha)* gedacht werden, das eine Bestimmung ohne Bestimmendes ist. Es muß sich dabei um eine unvermittelte Vermittlung bzw. um eine diskontinuierliche Kontinuität handeln. ... *Das Ich sieht sich selbst (jiko ga jikojishin wo miru to iukoto)* kann auf diese Weise verstanden werden. Es handelt sich dabei um ein Sehen ohne Sehendes."[53]
Wie im letzten Abschnitt schon erklärt, ist das Selbstbewusstsein ein Bewusstwerden des Allgemeinen des Nichts, das ein Sehen ohne Sehendes ist. Aber hier ist weiter gesagt, dass im Selbstbewusstsein ein solches *Dialektisches* geschieht, dass das Ich in sich selbst *den absolut Anderen* sieht und dieser absolut Andere nichts anderes als das Ich selbst ist. Was oder wer ist denn dieser absolut Andere?

---

[51] NKZ V,293: BW,300: LO,165 f.
[52] NKZ V,301: BW,312: LO,174
[53] NKZ V,302: BW,312 f.: LO,174 f.

„Der absolut Andere, der im Selbstbewusstsein, in dem das Ich sich selbst sieht, gesehen wird, ist kein Ding, sondern hierbei muß es sich um *einen anderen Menschen* handeln."[54]

„Das wahre Selbstbewußtsein, das in sich selbst den absolut Anderen sieht, muß gesellschaftlich sein. Es muß durch die *räumliche Beziehung von Mensch zu Mensch* fundiert sein. *Ich und Du* erblicken im jeweils eigenen Grunde *den absolut Anderen*, und weil sie gegenseitig in den absolut Anderen übergehen, sind *Ich und Du* füreinander *absolut Andere* und zugleich können sie innerlich ineinander übergehen. Ich und Du stehen in einer *gegenseitigen dialektischen Beziehung.*"[55]

Aus diesen Zitaten ist es schon deutlich, dass „der absolut Andere, der im Selbstbewußtsein, in dem das Ich sich selbst sieht, gesehen wird", nichts anderes als „Du" ist, und dass im Selbstbewusstsein des absoluten Nichts Ich und Du sozusagen ‚gleichzeitig' in einer „*dialektischen*" Bewegung entstehen. Nishida sagt in der Tat: „Ich und Du sind *füreinander absolut andere*. Es gibt kein Allgemeines, das Mich und Dich in sich subsumiert. Allein *indem ich Dich anerkenne, bin ich Ich, und indem du Mich anerkennst, bist du Du; in meinem Grunde existierst Du, in deinem Grunde existere Ich.*"[56]

„Durch die *Vermittlung eines absolut anderen Du* weiß ich Mich selbst und durch die *Vermittlung eines absolut anderen Ich* weißt du Dich selbst. Im Grunde von Ich und Du muß eine *dialektische Anschauung* existieren."[57]

Die Tatsache, dass ich in mir selbst den absolut Anderen sehe, bedeutet umgekehrt auch, dass ich, *indem ich den absolut Anderen sehe, auch Mich selbst sehe*. In diesem Sinne entsteht unser *individuelles Selbstbewußtsein.*"[58]

---

[54] NKZ V,304: BW,315: LO,176
[55] NKZ V,306: BW,318: LO,178
[56] NKZ V,297:BW,307:LO,170
[57] NKZ V,311: BW,325 f.: LO,184
[58] NKZ V,317: BW,334: LO,189

Ich und Du sind also „füreinander absolut andere", jedoch kann unser individuelles Selbstbewusstsein nur in einer solchen „dialektischen Anschauung" entstehen, in der ich in meinem Grunde Dich sehe und damit auch Mich selbst, und in der du deinerseits in deinem Grunde Mich siehst und somit auch Dich selbst. Im Selbstbewusstsein des absoluten Nichts kann mein individuelles Selbstbewusstsein (und auch dein individuelles Selbstbewusstsein) auf diese Weise nur „dialektisch" entstehen.

Aber nicht nur das. Nach Nishida ist die dialektische Beziehung von Ich und Du eine *Beziehung des einander Rufens und Antwortens.*

„Durch deinen Anspruch weiß ich Dich, und durch meinen Anspruch weißt du Mich. ... In dieser dialektischen Bestimmung [d.h. der Bestimmung, dass in meinem Grund Du bist und in deinem Grund Ich bin] ist der Andere, den ich in mir sehe, nicht ein bloß Anderer, vielmehr muß er die *rufende Stimme des Du* sein. ... Man kann sagen, dass Ich im Anderen Deine Stimme rufen höre und Du im Anderen Meine Stimme rufen hörst."[59]

„Ich weiß Dich, indem Du *mir antwortest,* und du weißt Mich, indem ich *dir antworte.* Wir wissen nicht voneinander, indem meine Tätigkeit und deine Tätigkeit vereint werden, vielmehr wissen wir einander, indem wir *einander gegenüberstehen und einander antworten.* ... Ich weiß Dich nicht, indem Ich in Deine Gefühle hinübergehe, vielmehr weiß ich Dich, indem Ich, als Persönlichkeit, Dir, als Persönlichkeit, unmittelbar antworte. ... Gleichzeitig damit, dass Ich Dich und Du Mich durch Antworten weißt, kann man auch sagen, dass Ich *ohne Deine Antwort Mich selbst nicht wissen kann* und Du *ohne Meine Antwort Dich selbst nicht wissen kannst.*"[60]

Nishida ist also der Meinung, dass ich Dich und Mich selbst weiß, nur indem ich Deine rufende Stimme höre und darauf

---

[59] NKZ V,310 f.: BW,324 f.: LO,182 f.
[60] NKZ V,306: BW,318 f.: LO,179

antworte, und dass du Mich und Dich selbst weißt, nur indem du Meine rufende Stimme hörst und darauf antwortest. Vor dem Hintergrund dieser *dialektischen rufend-und-darauf-antwortenden Beziehung von Ich und Du* bedenkt Nishida auch die *Geschichte*.

„Die wahre Realität entsteht im Grunde der augenblickhaften Bestimmung, in der die Zeit entsteht, indem der Augenblick sich selber bestimmt; sie entsteht dort, wo *Ich und Du* einander sehen und *miteinander sprechen*. Dies muß in *urgeschichtlicher* Weise geschehen."[61]

„Im Verhältnis von Ich und Du als einer absoluten Diskontinuität bestimme Ich Dich und Du Mich. Indem wir in unserem Grunde das Du als den absolut Anderen denken, entsteht unsere selbstbewußte Bestimmung. ... Allein unser individuelles Selbstbewußtsein ... muß ein *unendlicher Prozeß* sein, der in sich selbst fortlaufend sich selber sieht, wobei in seinem Grunde der absolut Andere gesehen werden muß. Indem das Ich von Heute *das Ich von Gestern als ein Du sieht* und indem das Ich von Gestern *das Ich von Heute als ein Du sieht,* entsteht das Selbstbewußtsein meines individuellen Selbst bzw. unser individuelles Selbstbewußtsein als diskontinuierliche Kontinuität. ... Das persönliche Selbst, das zum Selbst wird, indem es in seinem Grunde den absolut Anderen sieht, muß [also] durchgehend *geschichtlich bestimmt* sein."[62]

„Die selbstbewußte Bestimmung des absoluten Nichts, in der wir in uns selbst den absolut Anderen sehen, ist eine *gesellschaftlich-geschichtliche Bestimmung",* und in dieser Bestimmung muss, nach Nishida, „der absolut Andere, der in unserem Grunde gesehen wird", ein *„vergangenes Du"* sein. „Indem wir die Vergangenheit als *vergangenes Du* erblicken, kann die *wahre Geschichte* beginnen. Das bloß Vergangene ist keine Geschichte, vielmehr treffen sich in der Geschichte

---

[61] NKZ V,318: BW,334: LO,189
[62] NKZ V,324: BW,342 f.: LO,194 f.

immer *ein vergangenes Du*[63] und *ein gegenwärtiges Ich*. Hier zeigt sich der Realitätscharakter der Geschichte als die selbstbewußte Bestimmung des absoluten Nichts."[64] Die Geschichte ist auch auf diese Weise durch die *dialektische Beziehung von Ich und Du* in der selbstbewussten Bestimmung des absoluten Nichts zu interpretieren.

Im Aufsatz *Ich und Du* findet Nishida im Prozess der selbstbewussten Bestimmung des absoluten Nichts nicht nur „Ich", sondern auch „*Du" als den absolut Anderen* heraus. Und er denkt, dass Ich und Du sozusagen ‚gleichzeitig' und dialektisch entstehen gerade in der „dialektischen Bewegung als Selbstbestimmung des absoluten Nichts."[65] Nur in dieser dialektischen Bewegung konstituiert sich die „persönliche Welt"[66] und auch die „geschichtliche Welt."[67]

3. Nähe und Distanz zwischen Nishida und Heidegger

Die Zusammenfassung im letzten Abschnitt hat Nishidas Idee deutlich gemacht, dass Ich und Du dialektisch in der selbstbewussten Bestimmung des absoluten Nichts entstehen. Wenn wir jetzt wieder an Heideggers Gedanken, den er in *Sein und Zeit* entwickelt, denken, scheint es zunächst, dass die beiden immer noch sehr stark oder sogar stärker voneinander abweichen.

---

[63] Dieses vergangene Du ist „ein geschichtliches Du, das Mich von meinem eigenen Grund her bestimmt." Dies besitzt als den „absoluten Anderen, den ich in meinem Grunde berge" die Bedeutung des „absoluten Du." Allein weil ich in meinem Grunde ein solches geschichtliches Du enthalte und ich durch dieses Du Ich selbst bin, liegt im Grunde meiner Existenz *„eine unendliche Verantwortung"* (NKZ V,327f.: BW,347f.: LO,198). „Das wahre Sollen geht hervor aus dem geschichtlichen Standort, in dem ich bestimmt wurde, und kann verstanden werden, indem ich das mir Gegenüberstehende als ein geschichtliches Du erblicke." (NKZ V,328: BW,348: LO,198)
[64] NKZ V,325 f.: BW,344 f.: LO,196
[65] NKZ V,297: BW,306: LO,169
[66] NKZ V,322: BW,340: LO,193
[67] NKZ V,325: BW,345: LO,196

Nach Heidegger wird das Dasein, das *je meiniges* ist, erst dadurch eigentlich, dass es sich durch das *Vorlaufen in seinen eigenen Tod* entschließt. Und diese „*Entschlossenheit zu sich selbst* bringt das Dasein erst in die Möglichkeit, *die mitseienden Anderen ‚sein' zu lassen* in ihrem eigensten Seinkönnen und dieses in der vorspringend-befreienden Fürsorge mitzuerschließen. Das entschlossene Dasein kann zum ‚Gewissen' der Anderen werden. *Aus dem eigentlichen Selbstsein der Entschlossenheit entspringt allererst das eigentliche Miteinander*".[68] Heidegger scheint hier deutlich zu denken, dass das entschlossene Selbst erst das eigentliche Miteinandersein mit den Anderen ermöglicht. Wenigstens hat Heidegger gar keine Idee davon, dass das Selbst und die Anderen „dialektisch" entstehen.

Wenn wir aber unsere Aufmerksamkeit darauf wenden, dass das entschlossene Dasein *in seinen eigenen Tod vorläuft*, scheint mir, dass wir nicht so einfach behaupten können, dass dieses entschlossene, eigentliche Dasein von dem „Ich" im Sinne Nishidas, nämlich von dem Ich, das als Selbstbestimmung des ewigen Jetzt „*schlechthin stirbt*" und „*aus der Zukunft geboren wird*", stark abweicht. Nishida sagt: das „durch den schlechthinnigen Tod hindurch" Geborene, das „aus dem schlechthinnigen Tod wieder Erwachende" sollte „das wirklich persönliche, freie Selbst" sein.[69] Ist dieses Selbst wirklich ganz andersartig als Heideggers „eigentliches Selbstsein der Entschlossenheit"? Nishida beschreibt dass *„der absolut Andere"*, den ich in mir sehe, nichts anderes ist als was *„mich als Ich sein läßt"*, und dass dies bedeutet, dass *Tod* zugleich *Leben* ist.[70] Wenn man jetzt diesen „absolut Anderen" für unseren „eigenen Tod" halten kann, ist die Seinsweise des Ich, in der „ich in mir den absolut Anderen sehe und im absolut Anderen Mich selbst sehe", vielleicht

---

[68] SZ,298
[69] NKZ V,293: BW,300: LO,165
[70] NKZ V, 295: BW,304: LO,168

nicht so entfernt von dem eigentlichen Selbstsein der Entschlossenheit im Vorlaufen in seinen eigenen Tod. Wie im letzten Abschnitt dargelegt, denkt Nishida, dass in der *„Selbstbestimmung des ewigen Jetzt"*, wo „der Augenblick den Augenblick selber bestimmt", wir, die wir uns darin befinden, nicht nur „durchgehend *von der Vergangenheit her* bestimmt" werden, sondern dass wir uns auch, „*in der Spitze der augenblickhaften Bestimmung, ausgehend von der Zukunft* bestimmen"[71]. Dieser Gedanke scheint mir jetzt auch etwas Gemeinsames mit Heideggers Idee der vorlaufenden Entschlossenheit zu haben, nämlich die Idee, dass das Dasein in der *„überkommenen Ausgelegtheit"* durch das *Vorlaufen in seinen eigenen Tod* als „die eigenste, unbezügliche, unüberholbare Möglichkeit" *auf sich zukommt* und sich von ihm her je *im „Augenblick"* eine „gewesene Existenzmöglichkeit" wiederholend „überliefert" und „erwidert".[72]

Heidegger schreibt zwar: „Aus dem *eigentlichen Selbstsein* der Entschlossenheit entspringt allererst das *eigentliche Miteinander."*[73] Aber das „eigentliche existenzielle Verstehen" des entschlossenen Daseins geht, nach ihm, *von der „überkommenen Ausgelegtheit"* als der „jeweils heutigen „durchschnittlichen" öffentlichen Ausgelegtheit", die es *„faktisch mit Anderen"* existierend *übernommen hat,* aus und „entzieht sich [dieser] überkommenen Ausgelegtheit so wenig, dass es je *aus ihr* und *gegen sie* und doch wieder *für sie* die gewählte Möglichkeit im Entschluß ergreift."[74] Die „Entschlossenheit ... erschließt die jeweiligen faktischen Möglichkeiten eigentlichen Existierens *aus dem Erbe, das sie als geworfene übernimmt".*[75] Was im „ursprünglichen Geschehen des Daseins", das „in der eigentlichen Entschlossenheit" liegt, geschieht, ist

---

[71] Vgl. NKZ V, 288 f.: BW,294 ff: LO,161 f.
[72] Vgl. SZ,250, 383-386
[73] SZ, 298
[74] SZ,383
[75] SZ,383

gerade, dass das Dasein „sich frei für den Tod ihm selbst *in einer ererbten, aber gleichwohl gewählten Möglichkeit überliefert.*"[76]
Diese Entschlossenheit und Überlieferung ist nun erst ermöglicht in einem Gespräch oder sogar einem *„Kampf"* mit den *„Möglichkeiten des dagewesenen Daseins."*[77] „Das wiederholende Sichüberliefern einer gewesenen Möglichkeit" bedeutet die *„Erwiderung der Möglichkeit [der dagewesenen Existenz] im Entschluß"!*[78] Wenn es so ist, folgt nicht daraus, dass das Dasein im Entschluss in seinem Grunde *das aus dagewesenen Anderen übernommene Erbe* als überkommene Existenzmöglichkeiten hat und *nur auf diesem Grund* ein sich eigentlich entschließendes Selbst sein kann? Und wenn dies der Fall ist, scheint mir, dass dieser Gedanke etwas wesentlich Verwandtes mit derjenigen Idee Nishidas enthält, an die er denkt, wenn er schreibt: „Bei dem Du, das wir als den absolut Anderen in unserem eigenen Grunde sehen, muß es sich um ein Du in der Weise der unendlichen Vergangenheit, die mich vom unendlichen Grunde her innerlich bestimmt, bzw. um ein vergangenes Du handeln."[79]
Nishidas Text zeigt, dass sein Begriff des „absolut Anderen" oder des „absoluten Du" auch den eigenen „Tod" oder die „unendliche Vergangenheit" umschließt und somit all das, was ich im strengen Sinne nie erreichen kann und doch erwidern muss, damit ich das „Ich" selbst sein kann. Wenn Nishida der Meinung ist, dass das „Ich" in meinem Grunde ein solches „Du" sehe und in diesem „Du" „Mich" selbst sehe, und wenn er weiter denkt, dass ein solches „Ich" und ein solches „Du" in der „Selbstbestimmung des ewigen Jetzt" mit entstehen, dann ist dieser Gedanke Nishidas wohl nicht so

---

[76] SZ,384
[77] Heidegger sagt: „Die Wiederholung ist die ausdrückliche Überlieferung, das heißt der Rückgang in Möglichkeiten des dagewesenen Daseins. SZ,385
[78] Vgl. SZ,385 f.
[79] NKZ V,326 f.: BW,346: LO,197

entfernt von dem heideggerschen Gedanken des eigentlichen Miteinanderseins des entschlossenen Daseins mit anderen Daseienden. Auch Heideggers eigentliches Dasein in der vorlaufenden Entschlossenheit läuft in seinen eigenen Tod als den absolut Anderen im Sinne der unbezüglichen, unüberholbaren Möglichkeit vor, überliefert ihm selbst die überkommenen Möglichkeiten des dagewesenen Daseins und geschieht, als Miteinandersein, je im Augenblick mit den Anderen mit. Wenn das eigentliche Dasein „wesenhaft im Mitsein mit Anderen existiert, ist sein Geschehen ein Mitgeschehen".[80]

Es ist jedoch das *absolute Nichts,* welches Nishida im Grunde sieht, woraus „Ich" und „Du" dialektisch entstehen. Bei Nishida geschehen „Ich" und „Du" als Selbstbestimmung oder selbstbewusste Bestimmung des *absoluten Nichts.* Was sieht denn Heidegger in *Sein und Zeit* im Grunde des eigentlichen Miteinanderseins des entschlossenen Daseins mit Anderen? Ist es nicht das „Mitgeschehen" des Daseins, das also letzten Endes eine Sache des *Seins* ist?

Hier ist doch noch zu beachten, dass bei Heidegger das Dasein in seinem „vollen, eigentlichen Geschehen" *„frei für seinen Tod an ihm zerschellend* auf sein faktisches Da sich zurückwerfen" lässt und „sich selbst die ererbte Möglichkeit überliefernd, die eigene Geworfenheit über[nimmt] und augenblicklich für ‚seine Zeit' [ist].[81] Wenn es so ist, müssen wir denken, dass der *Tod* als „Nichts" der möglichen Unmöglichkeit seiner Existenz"[82] unvermeidlich in dieses Geschehen des „eigentliche[n] Sein[s] zum Tode"[83] eindringt. Auch bei Heidegger ist *das Nichts* im Grunde des eigentlichen Geschehens des Miteinanderseins zu sehen.

---

[80] Vgl. SZ,384
[81] SZ, 385
[82] SZ, 266
[83] SZ, 386

Nach der Veröffentlichung von *Sein und Zeit* vertiefte Heidegger in der Tat den Gedanken eines innigen Zusammenhanges von Sein und Nichts und dachte ihn weiter. Ich möchte einige Stellen aus der Abhandlung *Was ist Metaphysik?* zitieren:

„Das Nichts enthüllt sich in der Angst – aber nicht als Seiendes. ... das Nichts begegnet in der Angst in eins mit dem Seienden im Ganzen."[84]

„[Die] im Ganzen abweichende Verweisung auf das entgleitende Seiende im Ganzen ... ist das Wesen des Nichts: die Nichtung ... Das Nichts selbst nichtet."[85]

„In der hellen Nacht des Nichts der Angst ersteht erst die ursprüngliche Offenheit des Seienden als eines solchen: dass es Seiendes ist – und nicht Nichts. ... Das Wesen des ursprünglich nichtenden Nichts liegt in dem: es bringt das Da-sein allererst vor das Seiende als ein solches."[86]

Für das Da-sein ist also das Nichts so wesentlich, dass es erst dem Da-sein das Seiende als ein solches begegnen lässt. Heidegger schreibt deswegen weiter: „Da-sein heißt: Hineingehaltenheit in das Nichts"; „Das Nichts ist die Ermöglichung der Offenbarkeit des Seienden als eines solchen für das menschliche Dasein."[87]

Es ist allerdings zu beachten, dass Heidegger dieses Nichts nicht von dem Nichts selbst her, sondern durchaus *von dem Sein des Seienden her* und gerade *im Grunde des Seins* sieht.

„Das Nichts ... gehört ursprünglich zum Wesen des Seins selbst. Im Sein des Seienden geschieht das Nichten des Nichts."[88]

Im Gegensatz zu Heidegger sieht Nishida, scheint mir, das Nichts *von dem Nichts selbst her* und alles Seiende und Sein

---

[84] GA 9,113
[85] GA 9,114
[86] GA 9,114
[87] GA 9,115
[88] GA 9,115

selbst auch von dem absoluten Nichts her. Deswegen kann Nishida behaupten, dass Ich und Du im Selbstbewusstsein oder Selbstbewusstwerden des absoluten Nichts entstehen. Vielleicht könnte darin eine entscheidende Differenz zwischen Nishida und Heidegger liegen. Andererseits hat unsere Betrachtung doch einige Verwandtschaften zwischen den beiden gezeigt.

Hier kann ich leider nicht mehr weiter darauf eingehen. Als Fazit dieser Untersuchungen kann ich jedoch behaupten:

Das Verhältnis zwischen „Sein" und „Nichts" bei Nishida und Heidegger auch im Rekurs auf ihre späteren Werke weiter denken und in dieser Hinsicht die ‚Nähe und Distanz' zwischen den beiden eingehend herauszuarbeiten: das wäre bestimmt eine der zukünftigen Aufgaben, um das *„Zwischen Heidegger und Nishida"* als unser heutiges Thema weiter zu erforschen.

Literaturverzeichnis [Erläuterung der Siglen]

Heidegger, M.: Sein und Zeit. – Tübingen, 1927, 1979^{15} (= SZ)
Heidegger, M.: Wegmarken. Gesamtausgabe. Band 9. – Frankfurt/M., 1976 (= GA 9)
Nishida, K.: Zen no kenkyū [Studie über das Gute]. – In: Die gesammelten Werke von Nishida Kitarō. Band 1. – Tokyo, 2003 (= NKZ I)
Nishida, K.: Hatarakumono kara mirumono e [Vom Wirkenden zum Sehenden]. – In: Die gesammelten Werke von Nishida Kitarō. Band 3. – Tokyo, 2003 (= NKZ III)
Nishida, K.: Mu no jikakuteki-gentei [Die selbstbewusste Bestimmung des Nichts]. – In: Die gesammelten Werke von Nishida Kitarō. Band 5. – Tokyo, 2002 (= NKZ V)
Nishida, K.: Basho, watashi to nanji [Ort. Ich und Du.]- - Tokyo, 1987 (= BW) *Taschenbuchausgabe*
Nishida, K.: Über das Gute (Zen no kenkyū, 1911). Eine Philosophie der Reinen Erfahrung. Aus d. Jap. übers. u. eingel. von Peter Pörtner. – Frankfurt/M., 1989 (= G)
Nishida, K.: Logik des Ortes. Der Anfang der modernen Philosophie in Japan. Übers. u. hrsg. von Rolf Elberfeld. – Darmstadt, 1999 (= LO)
Sakakibara, T.: Phenomenology in a different voice: Husserl and Nishida in the 1930s. – In: Ierna, C.; Jacobs, H.; Mattens,F. (Hrsg.): Philosophy, Phenomenology, Sciences. Essays in Commemoration of Edmund Husserl. – Dordrecht u.a., 2010, S. 679 – 694 [Phaenomenologica ; 200]

BERLINER SCHELLING STUDIEN IM ÜBERBLICK

BERLINER SCHELLING STUDIEN. *Vorträge zur Philosophie Schellings.* Heft 1 / Im Auftrag der Schelling-Forschungsstelle Berlin hrsg. von Elke Hahn. – Berlin: Total Verlag, 2000. – 241 S.
[Berliner Schelling Studien ; 1]
ISBN 978-3-002746-7

BERLINER SCHELLING STUDIEN. *Vorträge zur Philosophie Schellings: Xavier Tilliette zum 80. Geburtstag gewidmet.* Heft 2 / Im Auftrag der Schelling-Forschungsstelle Berlin hrsg. von Elke Hahn. – Berlin: Total Verlag, 2001. – 276 S.
[Berliner Schelling Studien ; 2]
ISBN 978-3-007602-6

BERLINER SCHELLING STUDIEN. *Vorträge zur Philosophie Schellings.* Heft 3 / Im Auftrag der Schelling-Forschungsstelle Berlin hrsg. von Elke Hahn. – Berlin: Total Verlag, 2008. – 226 S.
[Berliner Schelling Studien ; 3]
ISBN 978-3-013133-7

BERLINER SCHELLING STUDIEN. *Vorträge zur Philosophie Schellings.* Heft 4 / Im Auftrag der Schelling-Forschungsstelle Berlin hrsg. von Elke Hahn. – Berlin: Total Verlag, 2010. – 140 S.
[Berliner Schelling Studien ; 4]
ISBN 978-3-030194-0

BERLINER SCHELLING STUDIEN. *Schelling und Nishida. Deutsch-Japanisches Kolloquium.* Heft 5 / Im Auftrag der Schelling-Forschungsstelle Berlin hrsg. von Elke Hahn. – Berlin: Total Verlag, 2009. – 132 S.
[Berliner Schelling Studien ; 5]
ISBN 978-3-026762-8

BERLINER SCHELLING STUDIEN. *Festschrift für Xavier Tilliette anlässlich der Verleihung der Humboldt-Medaille durch das Institut für Philosophie der Humboldt-Universität.* Heft 6 / Im Auftrag der Schelling-Forschungsstelle Berlin hrsg. von Elke Hahn. – Berlin: Total Verlag, 2006. – 117 S.

[Berliner Schelling Studien ; 6]
ISBN 978-3-013132-9

BERLINER SCHELLING STUDIEN. *Vorträge zur Philosophie Schellings.* Heft 8 / Im Auftrag der Schelling-Forschungsstelle Berlin hrsg. von Elke Hahn. – Berlin: Total Verlag, 2011. – 154 S.
[Berliner Schelling Studien ; 8]
ISBN 978-3-034249-3

BERLINER SCHELLING STUDIEN. *Negativität und Positivität als System. Internationale Tagung 2006.* Heft 9 / Im Auftrag der Schelling-Forschungsstelle Berlin hrsg. von Elke Hahn. – Berlin: Total Verlag, 2009. – 308 S.
[Berliner Schelling Studien ; 9]
ISBN 978-3-026763-5

BERLINER SCHELLING STUDIEN. *Natur Romantik Philosophie.* Heft 10 / Im Auftrag der Schelling-Forschungsstelle Berlin hrsg. von Elke Hahn. – Berlin: Total Verlag, 2012. – 247 S.
[Berliner Schelling Studien ; 10]
ISBN 978-3-037960-4

BERLINER SCHELLING STUDIEN. *Heidegger und die europäische Welt. Sinn und Sein.* Heft 11 / Im Auftrag der Schelling-Forschungsstelle Berlin hrsg. von Elke Hahn. – Berlin: Total Verlag, 2013. – 142 S.
[Berliner Schelling Studien ; 11]
ISBN 978-3-037961-1

BERLINER SCHELLING STUDIEN. *Bild und Reflexion in Frühromantik und Philosophie.* Heft 12 / Im Auftrag der Schelling-Forschungsstelle Berlin hrsg. von Elke Hahn. – Berlin: Total Verlag, 2013
[Berliner Schelling Studien ; 12] *in Vorbereitung*